基层图书馆特色建设与创新服务

郑君平　著

国家圖書館出版社
National Library of China Publishing House

图书在版编目（CIP）数据

基层图书馆特色建设与创新服务/郑君平著. --北京:国家图书馆出版社,2016.6
ISBN 978-7-5013-5843-4

Ⅰ.①基… Ⅱ.①郑… Ⅲ.①基层图书馆—图书馆工作—研究—中国 ②基层图书馆—图书馆服务—研究—中国 Ⅳ.①G259.252.3

中国版本图书馆 CIP 数据核字(2016)第 118402 号

书　　名	基层图书馆特色建设与创新服务	
著　　者	郑君平　著	
责任编辑	张　颀	

出　　版	国家图书馆出版社(100034　北京市西城区文津街 7 号)	
	（原书目文献出版社　北京图书馆出版社）	
发　　行	010-66114536　66126153　66151313　66175620	
	66121706(传真)　66126156(门市部)	
E-mail	nlcpress@ nlc. cn(邮购)	
Website	www. nlcpress. com ——→投稿中心	
经　　销	新华书店	
印　　装	北京鲁汇荣彩印刷有限公司	
版　　次	2016 年 6 月第 1 版　2016 年 6 月第 1 次印刷	

开　　本	880 毫米×1230 毫米　1/32	
印　　张	7.5	
字　　数	200 千字	

书　　号	ISBN 978-7-5013-5843-4	
定　　价	48.00 元	

前　言

　　世界上最早的图书馆是位于美索不达米亚平原的亚述巴尼拔图书馆,诞生于约 3000 年前,是现今已发掘的古文明遗址中,保存最完整、规模最宏大、书籍最齐全的图书馆。据《在辞典中出现的"图书馆"》说,"图书馆"一词最初于 1877 年出现在日本的文献中;最早在我国的文献出现,则为《教育世界》第 62 期中刊出的《拟设简便图书馆说》一文,时为 1894 年。我国最早的图书馆应追溯至清光绪二十八年(1902),浙江绍兴乡绅徐树兰创办的"古越藏书楼",虽属私人藏书之所,但其以"存古开新"为宗旨,变"一人之书为万人之书",开放程度与社会服务之特征,近似今之公共图书馆,故被公认为中国最早的公共图书馆。

　　图书馆历史之悠久,让人不禁慨叹。图书馆以保存人类文化遗产、开发信息资源、参与社会教育为职能。对于一座城市而言,图书馆既是一道靓丽的文化风景线,又是彰显城市魅力的文化地标。难以想象,一座缺失图书馆的城市,她能走多远?栖居其间的人们,幸福指数有几何?图书馆之于一座城市,或者一个个体,早已超越世人约定俗成的范畴——典藏人类文化知识菁华,她代表的是一种文化价值、一种生活方式、一种思维态度。她既是物理空间上的人文标识,又是虚拟领域里的前沿技术,更是人类精神世界的终极追求。附着在图书馆身上的文化生态、历史质感、人文价值以及生存意义,已难以具体量化,更难以具象描述。

　　今天,我们所生活的时代,信息技术高度发达,尽管人们获取信息的渠道良多,但图书馆仍然是主要选择,尤其是面向基层开展文献信息资源服务的基层公共图书馆。当然,如同一枚硬币有双面,公共图书馆在信息多元化的时代,挑战与机遇并存,这不仅体现在服务内容、服务手段上,还体现在资源建设、服务模式上,甚而体现在发展定位与核心价值上。公共图书馆今后的路要怎样走,又将走向何方? 这是公共图书馆界面对的共性话题,尤其是基层公共图书馆,思考与实践会更迫切。

进入 21 世纪以来,随着城市化进程的加速推进,图书馆作为提升城市文明、人的知识素养、城市可持续发展的重要载体得到前所未有的重视,基层公共图书馆事业如沐春风,蓬勃发展,与此同时也催生了图书馆服务模式与服务理念的革新。作为一座逾 60 年馆龄的基层公共图书馆——晋江图书馆,见证了我国现代公共图书馆的历史变迁,也伴随着风起云涌的改革潮流迈入发展快车道。我们相信,以一座基层公共图书馆(晋江图书馆)的视角,回溯在全民共享图书馆、全民阅读推广实践征途中的尝试与努力,探讨基层公共图书馆的定位、立馆理念、发展目标与资源建设及创新服务,剖析基层公共图书馆普遍中的典型、共性中的特色,必将对基层公共图书馆事业的发展具有一定的借鉴意义。毕竟在我国基层公共图书馆中走过一个甲子的图书馆较为鲜见,毕竟早在 2008 年就实现免费开放的图书馆也不多见,毕竟由县级图书馆主导实施"总分馆"建设的基层公共图书馆目前还为数不多。

基层图书馆的演变历程,与人们追求知识自由与文化信仰的精神一脉相承。晋江图书馆创办于 1953 年,早期是一个屈身于县文化馆、融借阅于一体的阅览室;1994 年,由爱国旅菲华侨陈永栽、蔡琼霞伉俪独资捐建的晋江图书馆对公众开放;2007 年年底,位于晋江世纪大道、建筑面积达 18000 平方米的晋江市中心图书馆建成,成为福建省规模最大、设施最现代化的县级图书馆,也是当年全国规模最大的县级图书馆。2015 年年初,以"全市一个城"的构想,初步建成富有特色、效益凸显的"城市图书馆群"——以晋江图书馆为中心,以各镇(街道)、驻军、企业、民办高校、老年大学、中小学等图书馆分馆,以及图书流通点、24 小时街区自助图书馆为网点,辐射全市公共文化服务区域,实施图书馆服务网络一体化建设,实现全市图书馆资源的共建共享。由小及大,由寄居他处到独立馆舍,几代图书馆人的披荆斩棘与呕心沥血,晋江图书馆已"旧貌换新颜"。近年来，我们在资源建设与读者服务上大胆创新，多角度拓展服务内涵与外延，让图书馆服务遍及乡间田野、寻常巷陌，全方位满足基层群众的个性化需求，取得良好的社会效益。在实践过程中，我们发现，对于基层公共图书馆而言，特色资源建设与服务理念创新就像一个人的左膀右臂，缺一不可，唯有共同发力，才能汇聚能量，推进基层公共文化服务均等化，实现民生普惠发展。

这里，需要特别指出，晋江图书馆今天之焕然一新，得益于一群充满朝气、不甘平庸的图书馆人始终如一的坚守；得益于晋江各级政府部门、社会各阶层对图书馆事业的情有独钟；更得益于晋江这一片热土孕育与滋养了图书馆事业的欣欣向荣。

"雄关漫道真如铁，而今迈步从头越"，基层公共图书馆的前行之路还漫长，我们有幸成为其中的一员，以一己微薄之力，亲力亲为，践行公益服务精神，这既是本分之举，更是无上荣光。本书所述，多以晋江图书馆为例，一家之言难免狭隘，亦谈不上真知灼见，无非藉盘点过往，重拾行装，引起共鸣，在变革的时代寻找共识，满怀信心面向未来而已。

郑君平

2016 年 1 月

目　录

下篇　基层图书馆创新读者服务

第一章　绪论

现代公共图书馆的服务理念是什么？什么是基层公共图书馆？名称里的前缀词"基层"与"公共"意味着什么？这些问题常常困扰着为数不少的公众。

从字面意义上看，"图书"代表着一种工作职能或对象，"馆"代表一种处所或区域，如此说来，"图书馆"成了一个与图书及由图书衍生而出的服务相关的场所。而事实上，图书馆并不是一个简单的方位名词，图书馆也不是一家单一的职能机构，图书馆更不是一处单纯的公共文化场所。从藏书阁、图书阅览室到独立的公共图书馆，再到各类专题专业图书馆，图书馆的历史可谓悠长而璀璨。在漫长的图书馆变迁历程里，各种形态各种类型的图书馆应运而生，各种各样的图书馆服务理念、服务载体与技术伴随着图书馆的发展而发生不同程度的质变与量变，尤其是随着社会化分工的愈来愈精细，图书馆的服务性质、职能与服务范围、对象也发生了巨大的变化。因此，简单地"顾名思义"已难以准确描述现代公共图书馆的定义。目前，世界图书馆界普遍认为，现代意义上的公共图书馆的发端，以1852年英国曼彻斯特公共图书馆的建立为标志。也就是从那一年开始，作为汇聚全人类智慧、知识结晶的现代公共图书馆，无可厚非地代表着"社会民主、公民权利和社会平等现代人文意识成熟的结果"。显然，从上述表达看来，现代公共图书馆的外延与内涵均已呈几何级别的拓展。

在现代公共图书馆走过的160多年的沧桑岁月里，无数现代图书馆在实现社会民主与平等之旅上孜孜以求，无数现代图书馆人在践行普惠公平的公民权利上不懈进取，才换来今天蔚然成风、繁复多姿的现代公共图书馆的壮观景象。毋庸置疑，在庞大的现代公共图书馆队伍中，基层公共图书馆不仅在数量上占绝大多数，而且在服务基层读者方面就是一群活力四射的生力军。基层公共图书馆以其所处的特殊地理位置、灵活的服务机制与极富创新的能力,在服务基层读者、践行奉献精神、推进社会公平之路上发挥了其他类型的现代公共图书馆所无法替代的作用。可以说,现代公共图书馆发展至今,最大的成就与最突出的亮点,就是通过建立无数个基层公共图书馆,将原本束之高阁、仅有少数人可以享受到的图书馆服务,延伸到乡间巷陌,普及到寻常百姓身边,让更多的人群能够便捷、快速地享受到现代公共图书馆优质的公共文化服务。从这里,我们就可以清楚地看到,"基层"与"公共"这两个词是如何紧密地与图书馆服务结合在一起。

众所周知,由于社会文化生活是由低端向高端、由单一向多元不断发展,现代公共图书馆的服务外延与内涵也必将随之得到深层次的发展,而作为现代公共图书馆重要组成部分的基层公共图书馆,如何在开展基层公共文化服务中既保持个性特色又提升服务质量?我们以为,很大程度上有赖于基层公共图书馆的特色资源建设与创新性读者服务。本书试以一个县级公共图书馆为实例,从上述两方面内容来探讨与论述基层公共图书馆的公共文化服务征程。

第一节　基层公共图书馆的定义与任务

有人认为,评价一座城市的文化底蕴深厚与否,只需考察这座城市的"三馆"建设与发展现状即可得知。这里的"三馆"指的是:图书馆、博物馆和展览馆。虽然这种说法听起来未免有点武断,但我们还是可以从上述三馆的排序中发现,图书馆在城市文化生活中的作用与地位不容小觑。这里,所谈的"图书馆",主要指的是公共图书馆。

那么,何谓公共图书馆?单纯就字面上解,"公共"与"私有"是语义相对的一组词,"图书"两字又限定了"馆"的资源与功能,若把上述几个语词串起来似乎可以如此表述,即以图书为固有资源向社会公众提供公开免费服务的图书馆就是公共图书馆。当然,如此解读仅就字面上论,未免过于简单化而可能陷入词不达意之境。

从广义上说,公共图书馆是一个社会文化机构,其职能既涉及向社会公众传播文化知识,丰富群众的精神生活,又承担着为社会公众的终生学习提供服务的责任。在多元的信息化时代,公共图书馆的服务职能亦发生了质的蜕变,既成为全社会的"信息中心,又是知识中心、知识宝库和知识源泉。"从中,我们不难看出,知识与图书馆之间的关系是如此紧密,以至于可以说,公共图书馆在人类的发展进程中,扮演着不可或缺的角色——只要有人类的存在,只要有社会的活动,图书馆就不可能消亡。事实上,关于公共图书馆的概念或定义,国内外诸多有关图书馆的文献多有阐述,本章之所以再次赘言,旨在解释附加在"公共图书馆"上的前缀词"基层"。

翻开《现代汉语词典》,所谓"基层",指的是"各种组织中最低的一层,它跟群众的联系最直接。"在我们看来,这是一个歧义丛生的解释。"组织"的范畴有多广?"群众"又指哪些人群?当然,这里目的不是为了辨别词典的正误,而是要从上述解释出发,反观"公共图书馆"这个组织,试图给"基层公共图书馆"一个准确定义,但我们发现,颇为艰难。由此,我们不得不再次回到"公共图书馆"的概念中去。

国际图书馆协会联合会(International Federation of Library Associations and Institutions,IFLA)(以下简称"国际图联")在2010年修订的《公共图书馆服务指南》中指出:由社区通过国家、地方政府或其他社区组织建立、支持和资助的图书馆;它向一个社区的所有成员平等开放,不管其种族、国籍、年龄、性别、宗教、语言、身体条件、经济及就业状况如何;通过向社区成员提供各类资源和服务,使他们可以获取知识、信息及创作类作品。

严格地说,就上述内容看,由国家中央或地方政府管理、资助和支持的、免费为社会公众服务的图书馆,均应属于公共图书馆范畴。与专业图书馆不同,公共图书馆的服务对象颇为宽泛,即面对社会公众提供非专业的图书文献、公共资讯、数字信息、互联网服务与社会教育等。当然,基于保存文化遗产的职能,公共图书馆也会收集具地域特色的书籍和资讯,并提供公众参与活动的场地。

但实际上,公共图书馆的职能还有更加具体的表述,1975年国际图联在法国里昂召开的图书馆职能科学讨论会上,一致认为主要有4种:一是作为保存人类文化遗产的需要;二是担负更多的教育职能,成为继续教育、终身教育的基地,开展社会教育;三是传递科学情报成为一项重要职能;四是开发智力资源,承担人才培养的职能。

另外,公共图书馆作为一个社会文化教育机构,在社会公众生活水平日益提高的今天,还为公众提供了第5种功能——提供文化娱乐。公共图书馆提供的服务,满足了社会公众对文化娱乐的需要,丰富和活跃了公众的文化生活,在社会精神文明建设当中,起到了不可或缺的作用。

综上所述,公共图书馆的服务外延极其宽泛,似乎给人一种"无所不包、无所不能"的印象。但事实如是乎?不然。众所周知,公共图书馆就是一个专门收集、整理、保存、传播文献知识并提供利用的科学、文化、教育和科研机构。在这一服务过程中,文献是公共图书馆开展一切工作的物质基础。因此,若说公共图书馆的职能宽泛到"无所不包、无所不能",其实就是针对文献服务以及由文献衍生而出的其他社会职能。

现在,在解释清楚公共图书馆的概念后,我们可以回到上文的困惑中去了——即什么是"基层公共图书馆"?在查阅了国内相关专业文献资料后,我们发现,实际上呈现在我国的政府公文、图书馆专业文献以及统计学范畴里的"公共图书馆",指的是县(市)级以上的图书馆。

那么,若按词典对"基层"的释义,似乎可以这样认定,在这个县(市)级以上公共图书馆的庞大"组织"里,"最低的一层"当属"县级图书馆",但若论跟"群众的联系最直接",则还有镇(街道)、村(社区)图书馆等,但从见之于公开文件、文献、新闻报道中,镇(街道)、村(社区)图书馆又不被纳入公共图书馆的范畴。

通常意义上,我们已习惯从行政的角度来划分公共图书馆的层级。从国家人事编制上，虽然公共图书馆自国家至地方，均为事业单位，从业者也以专业技术人员的身份展开工作，但于政府行政序列中的隶属关系论之，公共图书馆还是有国家级、省级、副省级、地市级、县级等的划分。

但在本书里，我们首次将所有具备上述服务职能的县级及县级以下的公共图书馆通称为"基层公共图书馆"，这里面既包括县级图书馆，也包括镇（街道）、村（社区）图书馆，甚至包括对馆外读者开放免费服务的民营企业图书馆、民办高校图书馆等。也就是说，所谓"基层公共图书馆（以下'基层公共图书馆'除特殊标明外，均简称为'基层图书馆'）"，指的就是由县级及以下的政府管理、资助和支持，免费为基层群众提供公益服务的各级各类图书馆。

据 2014 年《中国统计年鉴》统计资料显示，2013 年我国县级以上图书馆 3112 个，其中县市级公共图书馆 2712 个，在我国广袤的地域版图里，遍布着 1632 家县级公共图书馆，县市级公共图书馆占全国公共图书馆总数的 87.14%，从业人员 32497 人，占全国公共图书馆从业人员总数的 57.7%，从事着采访编目、文献借阅、读者活动推广等工作。"图书馆应该是继承文化、传递信息、扫盲和长期教育战略的基本组成部分。"国际图联与联合国教科文组织联合发布的《公共图书馆宣言》详尽地提出了公共图书馆与信息、读写能力、教育与文化艺术等相关的 12 条使命，其中包括为儿童阅读习惯的培养、社会教育、文化传统、艺术修养等提供服务。

但于我国绝大多数的基层图书馆而言，其使命与任务可以用 3 个关键词来概括。一是基层，指的是基层图书馆的角色定位，图书馆的服务应该立足基层、面向基层，直接服务最底层的人民群众，此关键词回答了基层图书馆立身与发展的基本出发点；二是公共，这个关键词确定了基层图书馆资源服务的性质，基层图书馆应该保证其资源服务的公开、公益与平等，面对社会公众免费开放；第三个词当是"图书馆"，无论现代公共图书馆如何日进日新，万变不离其宗，基层图书馆的工作职能指向，均应与图书馆这一特定服务载体与环境紧密相连。

但又不能局限于"图书"二字,或可由"图书"二字而生发开去,广而化之,举凡涉及图书文献、阅读推广、文化艺术、人文交流、学术研讨、展览展示等,无论是以展览或陈列等静态展示,或是以讲座、解说、参观等动态表现,均应纳入基层图书馆的工作服务范畴。综上归结起来,基层图书馆开展服务的第一要义就是"公共",即"普惠服务",第二要义是基层,也就是服务的立足点与普及面;第三要义当是"图书馆",指的是,基层图书馆实施普惠服务与普及基层群众的基本抓手与资源平台。

具体而言,基层图书馆的工作任务,主要有三:一是信息资源建设的任务,主要着眼于建设实用型与特色化相兼顾的信息资源建设体系。二是满足基层人民群众终生学习的需求,为当地群众提供自觉学习科学文化知识的机会,享受休闲的文化生活的场所。三是服务当地社会经济文化环境发展的需要,基层图书馆凭借其丰富的馆藏文献与现代信息技术实力,为当地政府的政策决策及社会经济发展提供智力支持与理论依据。当然,上述三项任务之间并非各自独立、自成一体,而是相辅相成、相互作用、互补共享。

尽管基层图书馆的工作任务概括起来只有短短的三句话,但具体实施起来则远非如此简单。尤其是在高速发展的现代网络环境下,基层图书馆的工作琐碎而繁杂,其任务与使命既要有保存当地人文传统与历史文化精华的功能,又要有传播知识、促成阅读习惯形成等职责,还要提供各种文化艺术展示的机会,甚至还必须为地方政府、社会团体、地方企业提供信息咨询与服务工作。尽管基层图书馆的工作内容繁多而杂乱,但定位却非常明确:基层图书馆既是文献典藏之所,又是信息咨询中心,还是社会教育机构,更是读者文化休闲去处。纷繁诸事,无不指向公共与基层。在我们看来,基层图书馆重中之重的工作任务,归纳起来主要集中在两大方面:一为特色资源建设,二是创新读者服务。

第二节 基层图书馆的特色资源建设

在信息与知识经济时代,发展迅猛的现代信息技术在图书馆的大量应用与逐渐普及,必然给基层图书馆的资源建设带来很大的影响。当前,网络环境如此复杂多变,可谓日新月异,对于基层图书馆而言,变数并不多为积极的、有益的,但由此所带来的一系列革新在所难免,这是基层图书馆必须要面对的事实。那么,该如何应对其变,乘势而为呢?

在回答上述问题之前,首先应该界定图书馆信息资源的范围。所谓"信息资源",当有狭义与广义之分,狭义上按吴慰慈、高波在《从文献资源建设到信息资源建设》一文中所表述的:信息资源是经过人类采集、开发并组织的各种媒介信息的有机集合①。若按照上述定义,可将信息资源概括为两类,一类为物质形态的文献资源,另一类则为非物质形态的电子等虚拟信息资源。而广义上的信息资源,则指在人类活动过程中逐渐积累起来的以信息为核心的各类信息活动要素(信息技术、设备设施及信息生产者等)的集合体②。若进一步做简单的解释,信息资源在狭义上指信息内容与载体本身,广义上则除信息内容与载体以外,包括与之紧密相关的信息设备、人员、信息系统、信息网络、运作模式等要素。

当然,"图书馆信息资源"也有狭义与广义之分,我们依据杨玉麟与屈义华两位图书馆学专家的论述,狭义上指图书馆依据读者需求与本馆性质以及建设目标而有计划地建设和组织的各类型信息资源,既包含图书、期刊、政府信息公开等出版物等纸质文献,以及各种声频、

---

① 吴慰慈,高波.从文献资源建设到信息资源建设[J].中国图书馆学报,2000(3):24-27.

② 马费成.信息资源开发与管理[M].武汉:武汉大学出版社,2004:5.

视频出版物,也包括经数字加工的书刊报纸、数字化音像、数据库等网络资源。而广义上的图书馆信息资源的外延则远远超过狭义上的范围,既包含狭义定义的所有资源,也包括开发与利用信息资源所不可或缺的经费资源、设施设备资源、人才人力资源、时间与空间资源、社会资源、读者资源、活动资源等①。由此不难看出,基层图书馆的资源建设任务涵盖范围非常广泛,既包含与普通文献、数字文献等相关的常规资源建设,又包括拓展读者活动资、人力资源、社会资源等特定资源建设。

我们所探讨的基层图书馆的特色信息资源的范畴,主要采用上述广义上的图书馆信息资源定义,这里面既有人力资源、馆藏资源建设(本部分又包括纸质文献资源与数字资源),也涉及资源建设的后台运营资源的建设等,常规资源建设与服务不在本书叙述的范畴。印度著名的图书馆学专家阮冈纳赞的“图书馆学五定律”认为,“图书馆是一个生长着的有机体”。由此推断,图书馆的资源建设就不可能是一个恒定或固定的形态,而是始终处于发展变化中,从某种程度上看,图书馆资源建设的发展变化不仅与图书馆的发展愿景、工作目标与任务有关,而且与图书馆所处社会环境的各种变化相关。因此,基层图书馆所承担的资源建设任务,应该更多地考虑与当地的经济社会文化发展相适应,更多地考虑为当地基层人民群众提供终生学习的机会。

组织实施基层图书馆的特色信息资源建设工作并非易事,既关乎资源建设的对象与目标,又关乎资源建设的方法与模式。一方面,从特征上考察,基层图书馆特色信息资源本身具有特殊的地域性、民族特色、人文色彩等特点,因此凡是具备上述特征的图书馆信息资源均属本书探讨的范畴。另一方面,鉴于基层图书馆与当地社会经济文化不可分割的关系,特色资源建设应该立足以下三个出发点,并作为一项重中之重的工作来组织实施:一是从图书馆典藏的角度出发,保留

---

① 杨玉麟,屈义华.公共图书馆资源建设与服务[M].北京:北京师范大学出版社,2013:1.

当地特色文化、区域文化与独特人文,延续根脉与文脉;二是因地制宜,为基层群众提供个性化的资源服务及普惠性文化服务工作;三是传播根植于传统文化的核心价值观,挖掘丰富多彩的传统特色资源,倡导基层人民群众爱国爱乡爱家。

基层图书馆的特色资源建设过程中应该遵循什么原则,是否能够自成体系? 特色资源要作为一个体系来建设,至少应达到一定的深度与广度,零碎的信息资源显然难以自成体系,因此需要时间的积累与资源的沉淀;另一方面,具象的实体资源固然是特色资源建设的重点,但是为了适应网络化时代的阅读习惯以及基层图书馆保存备份的工作需要,虚拟的数字化信息资源建设也应得到重视。落实到基层图书馆信息资源建设的具体工作中,既要注重普及类大众化信息资源的建设,又要量力而行、循序渐进地推进特色信息资源建设。

反观晋江图书馆近几年来在特色资源建设上的尝试,主要包含以下6个方面内容:社会资源与部室资源整合、人力资源的引进与管理、特色文献资源建设与研究、特色数字资源建设、特色馆藏的开发利用、智能化数字图书馆建设等多个板块。确定特色资源的建设对象与实施内容的主要目的在于,汇聚各种各类本土的特色资源,为所在区域的社会政治经济文化的发展提供丰富的、有针对性的图书馆资源服务,因此在信息资源的特征与建设模式上,致力于体现区域性、个性化与创新性。当然,在实施过程中并不厚此薄彼,遵循特色化与大众化并重的建设原则,同样重视以普及为主的综合性信息资源体系的建设。

基层图书馆致力于挖掘与建设特色资源,有助于形成多元立体的信息资源体系,能够更有效地服务读者的个性化需求,以及满足当地经济社会发展的需要。

第三节　基层图书馆的创新服务

在讨论基层图书馆的创新服务之前,有必要先厘清资源建设与创新服务之间的关系。我们认为,资源建设与读者服务在基层图书馆业务工作中并非互相独立,而是一个共生共进、不可分割的统一体,前者是读者服务的基础,后者是资源效益的体现。众所周知,资源建设是基层图书馆立馆的重要任务与职责所在。从通常意义上看,一座资源建设薄弱的基层图书馆,开展读者服务工作也一定相形见绌,难以取得多大的成效;同样的,只一味重视资源建设,而忽略与懈怠读者服务的基层图书馆,也不能称得上是一座真正意义上的公共图书馆,至多也就是一座藏书楼罢了。

综上所述,信息资源建设是基层图书馆开展读者服务工作的基础与载体,只有拥有丰富的信息资源,图书馆的读者服务工作才能有不竭的源泉与雄厚的根基。打个通俗的比方,信息资源是水是米是油,优质的读者服务就是那一盘盘可口的饭菜,无水无油无米,再高明的基层图书馆也要慨叹"巧妇难为无米之炊"。因此可以说,基层图书馆面对读者开展公共文化服务,不仅仅是职责之所在,而且是实现自我价值的有效途径。换一句话说,读者服务愈是丰富多彩,图书馆的自我价值愈发能得到提升。因此,从图书馆服务的本源与过程论,资源建设与读者服务两者之间相互作用、互为补充。

基层图书馆的公众服务既包括概念层面上的服务方式、原则与内容及态度外,还包括公众服务的精神实质、核心理念与最终目标。这就涉及以下论题——什么样的图书馆服务精神,更能标识图书馆服务的发展方向,更能代表基层图书馆的服务形象,更能彰显基层图书馆的价值取向。

服务形象、服务方向、服务理念、服务价值……关于基层图书馆的公众服务,人们更愿意从服务出发,以服务谈服务,从琐碎的服务细节里找寻服务的精神,如从图书馆的文献借阅、活动策划、定题研究、参考咨询等具体服务工作中发掘图书馆的服务精神与服务理念。由此衍生出图书馆服务应该"以人为本",应该"读者至上",应该"普遍均等",应该"共建共享"等,时序进入 21 世纪后,甚至以国家立法的方式确定公共图书馆服务必须进入"免费开放"的时代。上述诸论,明确指出图书馆开展公众服务的价值所在,但无论基于哪一种表述,图书馆的公众服务倘若缺乏"创新"要素,一切都是空谈。

所谓"创新",至少应该包含两层意思:一是创造;二是革新。通常认为,创新是一个在经济领域点击率极高的语词。但实际上,创新早已不属于经济领域的专用词。

创新,应该是任何一个时代的重要命题。任何领域、任何行业倘若缺乏创新精神,在竞争日趋白热化的时代,必将被淘汰出局。对于基层图书馆而言,创新是取得持续长远发展的动力与源泉。只有拥有创新精神并付诸具体的图书馆服务工作中,才能"以人为本""读者至上",也才能最终实现公益、平等、公开的图书馆服务理念。我们常说,"一千个人有一千个哈姆雷特",每一个读者个体对基层图书馆服务有自己独特的需求。显然,基层图书馆必须以读者为中心,持续不断地策划与设计贴心的服务,因为一成不变的读者服务难以满足个性化的需求;另一方面,只有创新读者服务,才能做到"普遍均等"与"共建共享",因为需求多样化,服务无止境,这就要求基层图书馆要通过不断地创新服务的模式与方法,满足各种层次的读者多元化的服务需求。

但是基层图书馆的创新服务并非像一些人所理解的那样,只一味重视新技术的研发与应用,无限放大新技术、新产品在图书馆公众服务中的作用,甚至轻视图书馆与读者的零距离交流,过分依赖新技术新产品的应用。

21 世纪是一个新技术、新产品不断研发、推陈出新的时代,基层图书馆"重视利用现代信息技术,提高数字资源提供能力和使用效率,以服务创新应对信息时代的挑战",也已是一个不争的事实。举个例子,近两三年来,各地投入大量物力财力兴建"24 小时街区自助图书馆"

正方兴未艾，从政府决策层的角度看，自助图书馆的建设，与大张旗鼓地建设实体公共图书馆相较，既少占用土地，又省事省钱。何乐而不为？诚然，这种现代图书馆设备具有传统实体图书馆所没有的优势与先进性，如能实现时间上永不闭馆、空间上延伸至家门口、办证与借还书更加便捷等。但若从投入成本与社会效益上看，无论如何"24小时街区自助图书馆"怎可与有图书馆工作人员与读者穿梭其间的公共图书馆同日而语呢？再比如，电子图书借阅机与各种手持终端阅读器等，存储容量之庞大、操作使用之便捷当然无可非议，但也容易养成读者浮躁肤浅的阅读习惯。

因此，新技术、新产品在基层图书馆的应用，只能是作为一种辅助与补充载体，而不是根本手段，更不是基层图书馆服务创新的核心要义。过分地依赖新技术、新产品，必然导致基层图书馆核心的服务精神缺失，"人＋人"的情感交流将渐次被"人＋机器"所取代，温暖的纸质书籍将渐次被冷冰冰的电子书所替代，图书馆人性化的服务理念就更无从谈起。

我们所理解的基层图书馆的创新服务，指的是理念上的颠覆、思想上的转变、行为上的革新，基层图书馆的服务创新应该是一种由内及外的变革，是一种多元而立体的变革，是一种自发的全方位自我变革，而不是止于某一种行为、某一项载体、某一个平台或某一场活动的创新。基层图书馆服务创新是图书馆自身发展的需要，是在图书馆内生力量的驱使下的一场变革，是主动性的创新行为，而非被动性的接受。创新服务的方式与内容并不局限于某个层面、某个方向，既可以是资源整合上，也可以是服务模式上，既可以是人员管理上，也可以是服务形态上。基层图书馆的服务创新无处不在，它应该是存在于图书馆日常服务工作的每一个细节里，存在于图书馆管理者的每一个决策里，存在于每一个图书馆工作人员的一言一行里。

本书讨论的基层图书馆的创新服务，主要针对与读者服务息息相关的领域，如读者活动策划实施、延伸服务策略、共享联盟服务、数字化服务、少年儿童图书馆建设服务模式、全民阅读推广实践、弱势群体与未成年人服务,甚至还包括基层图书馆志愿者服务等文明单位必检服务项目。当然,常规服务不在讨论范畴,但这里需着重指出,基层图书馆的常规服务中也常常有创新之举。我们谈创新服务,并非否定固有,并非要将一切推倒重来,创新服务本身也应该成为基层图书馆信息资源建设中的一项不可多得的资源,而被加以开发与利用。

诚然,关于"创新",从来就不是一个新鲜的话题,无论是在公共图书馆领域,还是社会经济文化生活的其他领域。对于多数基层图书馆而言,资源建设与创新服务,就像唇齿相依,缺一不可。墨守成规不思进取注定会走向绝境,因循旧例而不善变通,同样也会走向没落。综上,一言以蔽之,特色化的信息资源建设与创新性的读者服务模式,就是基层图书馆在当代社会转型期得到可持续良性发展的不二法宝,以特色化建设推进资源服务的优化与提升,以创新性服务促进基层图书馆社会效益的最大化,两项工作任务齐头并进、共建共享,基层图书馆事业才能得以蓬勃发展,也才能不为高速发展的信息时代所摒弃。

上　篇

基层图书馆特色资源建设

第二章　基层图书馆服务模式新空间
——专业化与社会化

第一节　基层图书馆部室设置原则

　　基层图书馆的业务功能部室是否该完全由图书馆自身来设置？业务功能部室的运营费用是否该全部由公共财政承担？是否有其他途径来延伸与拓展业务部室的功能？在国家鼓励政府部门购买社会服务参与公共文化服务工作的背景下，基层图书馆的业务部室设置是否有想象的空间？诸多问题，均指向基层图书馆资源建设体系中的业务职能部室设置。

　　多数基层图书馆的业务部室设置，通常结合馆藏分布与读者服务性质为依据，如针对读者的基本文献借阅需求设立"读者流通服务部"或"文献借阅部"；专门承担策划与开展读者活动的职能的"读者活动部"或"协调共享部"；基于参考咨询工作而设立的"参考咨询部"或"咨询辅导部"（不少基层图书馆限于人员短缺或人员业务素质低下等原因而将参考咨询工作并入读者流通服务部）；承担全馆图书、视听文献、报刊等的采访编目工作的"采编部"或"采编中心"，也有些基层图书馆独立析出"报刊部"或"期刊部"；基于特色文献的收藏、开发与利用而设立的"特藏部"与"地方文献部"，以及负责行政后勤事务工作的"行政管理部"或"办公室"，专门负责数字资源的开发应用与服务的"数字资源部"或"现代技术中心"等，业务部室数量的多寡与业务部室名称因馆而异，但无论起什么样的名称，是以服务对象或者以工作性质为依据，从政府部门的角度论之，这些业务部室是基层图书馆的内生部室，属图书馆正常编制，业务部室的存在与发展以图书馆的服务范围与服务对象及服务能力为依据。

有关基层图书馆的常规业务部室配置这里不再一一赘述，本章以"采书乐坊"的业务部室新概念，谈编制内外业务部室建设的创新理念。

那么，业务部室的编制内外之别是什么？若部室人员均来自图书馆内部，承担的任务既在图书馆业务工作计划里，又在图书馆的管理下组织实施的业务部门，我们称之为编制内部室或内生部室。那么，与之相对的，当然是编制外部室。即利用图书馆以外的资源，包括读者资源、社会资金、民营资本，由社会机构或非图书馆工作人员承担图书馆的部分业务工作，如读者培训、读者活动策划、文化休闲服务等。编外部室的使用场地一般设在图书馆里，所开展的服务必须秉承公益均等的服务原则，工作目标与任务必须事先呈报图书馆批准通过，同时全程接受图书馆的监督与指导。编外部室人员虽来自馆外，即政府体制外人士，但所担当的角色与承担的任务可与馆内业务部室互补共享。

编制外部室既是利用外力与图书馆协同做好读者服务工作，推进图书馆事业的创新发展，又是整合各种社会资源导入社会竞争机制，输入新鲜血液，更好地拓展基层图书馆的服务新空间。

第二节　基层图书馆服务模式的现状与局限

众所周知，我们生活在一个四维空间里。"维"是一种度量，在四维时空里，时间一维，空间三维。基层图书馆作为空间对象，履行着保存人类文化遗产、提供大众终生学习的职能，同样存在于四维空间。那么，基层图书馆要如何在四维空间里，突破时空制约，开辟多维度的读者空间，最大限度地拓展图书馆的服务外延与内涵？晋江图书馆通过设立"采书乐坊"这种图书馆服务模式的新空间，较好地实现了时空制约的突破。

一、读者对多维度阅读环境的期望

多元化的现代社会,读者已经不再满足于"一本书一杯水"的阅读环境,开辟一个融文献服务、与文化休闲于一体的多维度空间成为大多数读者的期望。该空间既要能为读者提供丰富的图书馆服务,营造立体、多层次的文化氛围;又要能给读者创造一个全方位的交流空间,实现人与人、人与物、人与环境之间的和谐交流。

二、基层图书馆文献采访的局限性

通常意义上的图书馆文献采访途径,以在出版社或书商提供的当年书目单上下订单为主,结合每年一至两次的有组织的文献现采活动,如一年一度的北京图书订货会等。图书采访主要以图书馆馆藏结构及当年采访计划为依据。尽管该采访计划充分考虑到读者因素,但还是不可避免地出现文献采访的盲区,即无法准确及时地满足读者的文献需求。因此,读者选择文献的主观能动性受到图书馆文献采访计划等客观条件的制约。

三、新书上架时间相对滞后

制约图书馆新书上架时间的因素较多,包括书目查重、下订单、图书配送周期、编目加工、验收、审校、上架等。一般情况下,完成大批量的文献采编流程约需一个月,若加上前期采访及书商、出版社的配书时间,则需两至三个月。在此期间,新书已经在书店销售,读者迫切需要以更短的时间借阅到新书。

四、社会机构承担专业化的社会服务

不可否认,现代图书馆提供的读者服务并不止于文献的借阅,而是愈来愈多样化,如提供视听欣赏、文化展览、学术讲座、研究课题定制等诸多服务。满足读者日渐增多的多元化需求,仅仅依靠图书馆一己之力,难免力不从心。况且有些服务项目图书馆做起来也不够专业,如餐饮服务、文化创意展示、文艺沙龙、艺术品赏鉴、外语角、主题聚会等,而交由社会机构来做则得心应手。

"一切为了读者",是公共图书馆的服务宗旨。既能满足读者的需求,又可解决图书馆文献采访编目周期与读者期望值之间的矛盾,并能借此引入更专业的社会服务机构为读者提供高品质的公益服务。何乐而不为?

第三节 "采书乐坊"新空间的运作模式

一、"采书乐坊"的定义

顾名思义,首先明确"采书乐坊"是一个物理空间,类似工作坊、工作室或者实验场地等,具体指在图书馆里专门开辟出的一个有别于其他内设功能部室的空间。其次,"采书乐坊"首要的功能定位为"采书",既包括图书馆采编人员的文献现采,也包含读者通过免费借阅图书为图书馆采书。再次,"采书乐坊"的亮点在于"乐"。所谓"乐"指的是读者在采书乐坊里享受到的快乐。乐由心生,身心的愉悦源于读者的合理需求得到及时而贴心的回应,如最新的文献资源、免费的无障碍借阅、美味简餐、静态展览、艺术品赏析等。综上所述,"采书乐坊"整合了5种功能:一是图书文献现采场地;二是读者阅览室;三是休闲书吧;四是文化创意展览与交易区;五是餐饮、沙龙聚会等文化休闲区,寓文献借阅、生活休闲、展览展示、读者活动四位为一体。既有别于书吧、书店,又有别于图书馆借阅室、读者活动部门;既履行图书馆公益服务的职能,又不拘泥于传统的服务模式,更多地考虑到读者多元化的需求,拓展了服务外延与内涵。

二、"采书乐坊"运作模式

2011年7月,晋江图书馆将一楼检索厅开辟成读者现采场所,开展"你(指读者)采书我(指图书馆)买单"活动。该场所实际上是"采书乐坊"的雏形,但其服务功能较为单一,仅提供读者现采与借阅,缺少其他服务功能。开放两年零三个月,读者借出图书17 626册,图书馆采购图书36 155册(含借出),总码洋911 206.96元。2013年10月,为了满足读者多样化的需求,晋江图书馆将一个更大的场地——圆形大厅改造成"采书乐坊",除作为读者现采场所外,拓展了更多的服务功能,包括举办读者活动、提供简餐、文艺沙龙、创意用品赏鉴等。目前,已成为晋江市民阅读、交流、商务、餐饮与放松身心的好去处。接下来,我们将从图书馆与"采书乐坊"的关系、开放时间与资源获取途径、读者活动推广、免费服务与收费服务的界限、"采书乐坊"的赢利点等5个方面来解读"采书乐坊"这一图书馆服务新空间。

晋江图书馆"采书乐坊"内景(王筠筠 摄影)

1. 图书馆与"采书乐坊"的关系

2011年1月26日,文化部下发了关于公共图书馆免费开放的政策规定,"免费开放作为政府的重要文化民生项目,免费提供的是与公共图书馆职能相适应的基本公共文化服务,应由政府予以保障落实",并且明确规定了涉及免费开放的项目,主要针对"基本公共文化服务"

方面①。这一政策的实施意味着公共图书馆免费时代的到来。基于此,图书馆的服务功能无论如何创新与拓展,均不应与此政策相背。因此,我们在开辟"采书乐坊"之前,需要厘清了3个层面的关系。

一是合同层面上的甲方、乙方。合同上明确,甲方图书馆作为场地的提供者,即通常意义上的业主或产权拥有者;乙方"采书乐坊"作为社会上的文化实体机构,即场地的承租者与经营者。乙方以服务大众公益阅读为主,兼顾提供图书销售(仅售予图书馆)与加工及餐饮、活动策划、文化创意等服务,经营活动自主、财务结算独立。从合同层面上理解,图书馆与"采书乐坊"之间是法律意义上的租赁关系。

二是功能布局上的编制内外之别。从功能布局上,"采书乐坊"被视为图书馆的编外部室,此定位有别于其他引进社会力量共同办馆的做法。所何谓"编外部室",即附生在图书馆里的社会文化机构,以免费、均等、公开的原则,辅助图书馆履行借阅等相关服务以及承担部分读者活动的职能,该机构的人员及经费等资源不列入政府财政预算编制。这里必须明确,凡涉及公共图书馆免费开放项目,无论是否增加运营成本,"采书乐坊"均不应对读者收取任何费用。

三是管理模式上的双重化。采书乐坊"的装修风格、陈设布置、服务规范等必须经由图书馆审核,并与图书馆保持一致。工作人员由"采书乐坊"自行招聘与管理,同时又接受图书馆的管理,即推行双重管理,既遵守"采书乐坊"的规定,又不能违反图书馆的制度,达到服务规范一体化。将"采书乐坊"的工作人员纳入图书馆每年的文明礼仪培训与业务培训计划,培训成本由"采书乐坊"自行承担。

2. 开放时间与资源获取途径

一是开放时间。目前,"采书乐坊"全年365天对公众开放,每天的开放时间暂定为9:00—21:30,服务时长超过12小时,每周不少于

---

① 文化部、财政部关于推进全国美术馆、公共图书馆、文化馆(站)免费开放工作的意见[EB/OL].[2011-02-14].http://www.gov.cn/zwgk/2011-02/14/content_1803021.htm.

87 小时,夏季开放时间适当延长,远远超过文化部规定的国家一级图书馆的服务时长。"采书乐坊"作为图书馆延长服务时间的重要抓手,弥补了图书馆正常闭馆(每逢周一闭馆)的服务空白时段,给读者带来较大的便利。

二是基本服务功能。目前,图书馆按照借阅、续借、预约、还书、办证的顺序,依次授权"采书乐坊"开展读者服务,逐步引导其完成实体图书馆的基本服务功能。图书馆在授权过程中,并不急于求成,成熟运作一个功能后,再授权开启下一个功能。有序授权开放图书馆服务功能,有利于促进"采书乐坊"逐步走向成熟。

三是资源获取途径。自 2008 年 10 月起,晋江图书馆推行了"免费办证、无证阅览"的服务承诺。读者不必办理借阅证即可在馆阅览,若需借出,则须办证,不必支付任何费用。读者进入"采书乐坊",同样享受这一服务。区别在于,图书馆开架的图书均已加工,"采书乐坊"架上的图书为新上市,尚未加工。读者只需到"采书乐坊"服务台出示图书馆借阅证,简单办理相关借阅手续即可将图书带走,办理时间控制在 45 秒以内。图书借阅期与图书馆保持一致,还书地点包括图书馆、"采书乐坊",以及其他通借通还的图书馆分馆。

四是文献采访流程。"采书乐坊"将读者当天的借阅单通过文献管理系统传递至图书馆采编中心,采编中心据单开展查重,并参照图书馆年度采访计划,次日即可直接向"采书乐坊"下订单。如文学类复本为 5 册,即订 5 册。"采书乐坊"接单后着手配书,并在一个月内完成图书的编目加工后交由采编中心审校、入藏、上架流通。"采书乐坊"应保证每周有一定数量的新书上架,上架图书两个月内若无人问津,则必须下架。读者从"采书乐坊"借出的新书还回图书馆,由图书馆读者流通部直接转入采编中心进行深加工(编目等)后,再次上架流通。

3. 读者活动推广

"采书乐坊"不仅是读者获取静态文献信息资源的场所,而且是图书馆扶持培育的一个动态的小型图书馆,图书馆借此拓展读者服务的外延与内涵。这才是设立"采书乐坊"的亮点所在。图书馆通过与"采书乐坊"联办读者活动,逐步引导"采书乐坊"参与读者活动的策划、组织与举办,如读书沙龙、知识讲座、外语角、新书赏析会、艺术品鉴赏等,条件成熟后,再由"采书乐坊"独立承办。活动经费主要有两种渠道:一是由公共财政出资购买社会服务;二是由"采书乐坊"自筹。每一场读者活动从策划生成、文案拟制到组织实施,再到总结反馈,均应在图书馆的具体指导下,确保活动以服务读者为宗旨,既不偏离主题,又秉承公益免费服务的精神。

晋江图书馆"采书乐坊"举办"诗词品鉴会"(王筠筠 摄影)

4. 免费服务与收费服务的界定

在文化部关于公共图书馆免费开放政策的"工作原则"一节中提到"坚持公益,保障基本",着重指出,"对于基本公共文化服务以外的文化服务项目,要坚持公益性,降低收费标准,不得以营利为目的。"①基于此,界定"采书乐坊"的免费与收费服务的范围至关重要。免费项

---

① 文化部、财政部关于推进全国美术馆、公共图书馆、文化馆(站)免费开放工作的意见[EB/OL].[2011 - 02 - 14]. http://www. gov. cn/zwgk/2011-02/14/content_1803021. htm.

目包括所有与图书借阅相关的服务,以及在"采书乐坊"里举办的任何读者活动。这里必须着重指出,"采书乐坊"所有图书仅接受读者免费借阅,不可销售给读者,若发生私自售卖行为,则视为违约。收费服务项目则明确标示如餐饮、茶点、文化创意用品销售等。

5. "采书乐坊"的赢利点

按合同约定,"采书乐坊"必须自行承担其内部装饰、场地(租金或管理费)、家具、陈列品、人员、物流等费用,所有图书仅供借阅不可售卖给读者。"采书乐坊"作为一家社会文化经营机构,若无法产生利润肯定难以为继。鉴于此,图书馆为"采书乐坊"设立一个租金优惠与减免期,帮助其顺利渡过经营磨合阶段。"采书乐坊"的赢利点主要有三方面:一是图书馆的文献采访。根据读者借阅情况下订单以及图书馆定期组织的现采活动,读者一旦借阅1册图书,图书馆即购买该书,购买数与借阅数成正比,上不封顶。图书馆在"采书乐坊"的文献采购量永远大于读者的借阅量,如文学类复本为5册,读者借出1册,图书馆则一次性采购5册。二是"采书乐坊"售卖的简餐、茶点、饮料、文化创意产品(如创意小盆栽、闽南礼俗饰品、创意陶具)等服务。三是由公共财政或其他社会机构出资,"采书乐坊"独立或联合政府部门、社会机构举办的文化活动,读者免费参与,"采书乐坊"从服务购买中获取利润。

综合比较上述三方面赢利点,各有所长。第一种利润的增长率取决于读者的借阅量,利润的提高与阅读氛围的营造以及读者的阅读热情有关,这就要求"采书乐坊"提供的文献要全、图书要新、上架要快、服务要好。第二种利润在设计之初仅视为配套服务,限定"采书乐坊"必须薄利多销,而且其工作台、产品展示台规模不得超过全场的五分之一。实际上第二种利润的增长与第一种相辅相成,对服务质量的要求也比较高,如食品的新鲜度与安全系数、文化礼品的创意点等均影响其利润收入。第三种作为最大的利润增长点,取决于"采书乐坊"从业人员自身的素质,如策划组织能力、协调统筹能力等。图书馆为"采书乐坊"承接活动项目牵线搭桥,或者直接把部分读者活动转包给"采书乐坊",如目前举办的外语角,每周一次,每期一名外教主持,向读者免费开放。"采书乐坊"须先提出策划文案与经费预算呈报图书馆,图书馆通过审定并纳入年度读者活动计划。项目实施时,场地布置、外教聘请、主题设定、现场服务等均由"采书乐坊"自行负责,图书馆仅负责预审外教执业资格、活动主题等。项目完成后"采书乐坊"与图书馆一次性结算费用。

晋江图书馆"采书乐坊"举办英语沙龙(杨月　摄影)

第四节　"采书乐坊"与书吧、书店

"采书乐坊"与传统意义上的书吧与书店有何异同? 三者之间是否存在形式不一,但实际内涵一致呢? 接下来我们将就服务模式、空间布局、人员管理办法以及功能布置来进行比较分析。

一、服务模式

书吧或书店基本构成"一本书一杯水"的服务模式,支撑其存在的利润来自于读者购书与餐饮服务。这种服务模式利润微薄,经营起来困难重重。近年来,大量实体书店、书吧倒闭即是实证。"采书乐坊"

则是根据读者的借阅量将图书售卖给图书馆,对读者仅提供借阅而不售买。另外,随着"采书乐坊"售卖饮品、简餐、文化创意用品以及承办读者活动等服务外延的不断扩大,为"采书乐坊"拓展了更多的利润空间。

二、空间布局

书吧、书店的陈设以书架、吧台与书籍为元素,物理空间布局单一。"采书乐坊"除大部分区域为阅览区外,增加了文化创意用品展示区,以及提供简餐、茗茶、咖啡等餐饮服务的休闲生活区,甚至还设置了可灵活装拆的小型舞台等,可承办沙龙、讲座、外语角、展览、餐叙会、书友会、艺术品赏鉴等读者活动。书吧、书店的空间舒适感与"采书乐坊"不可同日而语。

三、人员管理

书吧、书店通常采取自行聘请、自行管理工作人员的模式。"采书乐坊"既是相对独立的休闲书吧,又是图书馆的编外部室,接受图书馆的管理,从工作人员着装,到文献借还、预约,再到服务用语,整个服务流程规范均与图书馆保持一致。

四、功能设置

书吧、书店仅供读者就地阅览或者购买,"采书乐坊"则承担图书馆文献借还、预约,以及部分读者活动等功能,实际上作为一个相对独立的图书馆内设分馆而存在。图书馆利用"采书乐坊"独有的资源与优势,如餐饮服务、新书品鉴活动、闭馆期间开放服务等,并承办部分读者活动,以拓展与增强图书馆的服务职能,更加人性化地服务读者。

第五节 "采书乐坊"的运营成效分析

作为基层图书馆服务模式新空间的"采书乐坊"自建设运行至今,究竟取得哪些方面的成效、是否对基层图书馆今后在服务创新上有积极的借鉴意义?该模式是否能够实现图书馆事业与"采书乐坊"经营者双方的共赢与可持续发展?探讨与回答这些问题,我们主要从以下3个层面对采书乐坊的运作成效进行研究与分析。

一、从图书馆层面看

首先是实现新上市的图书与"采书乐坊"的图书同步更新,读者可以在第一时间借阅到新书,得到最新资讯,弥补了图书馆因采访编目加工而延迟图书上架时间的缺陷;其次是借助社会力量延长图书馆的服务时长,一定程度上节约了公共财政对图书馆人力资源投入的成本,最后是拓展了基层图书馆多维度的服务空间,图书馆通过优化整合资源分布与职能结构,剥离出部分读者有需求但图书馆做起来既不专业又力不从心的功能,交由"采书乐坊"运作,如餐饮服务、创意用品展示、节目主持、展台布置、个性化定制等,使服务内涵更加丰富,更加贴近读者需求。

二、从社会效益上看

"采书乐坊"自 2013 年 10 月搬迁新址以来,周一至周五日均接待读者 110 多人次,周六与周日日均接待读者 500 多人次,全年约 8.1 万人次,承办沙龙、读者见面会、小型论坛、英语角等读者活动 48 场次。图书馆曾就"采书乐坊"专门做过一次读者问卷调查,发放问卷调查表4 千多份,收回 3 千多份,内容涵盖服务时长及时间段、服务模式、服务用语、服务水平、个性化服务、饮品品种、简餐味道、图书更新率、图书种类、畅销书、读者活动的形式与主题、文化创意用品、价格定位、整体满意度等20多项。其中,98.7%的读者肯定了"采书乐坊"的服务模式,认为延伸了图书馆的服务时长,为读者提供了更自由的阅读时空;96.3%的读者非常满意能在第一时间借阅到新书;94.8%的读者参与"采书乐坊"举办的活动热情高涨,认为气氛活泼自由,主题贴近实际需求;4.9%的读者提出图书馆应该授予"采书乐坊"更多的权限,如办证等。此外,0.6%的读者认为,应允许"采书乐坊"售书给读者;0.2%读者认为,"采书乐坊"举办的个别读者活动影响了阅读的环境,建议调整举办时间。读者对"采书乐坊"这种图书馆新空间的整体评价,满意率达99.2%。我们认为,"采书乐坊"一方面开创了"以书为媒"的崭新生活方式,引导更多读者融入其间,交流情感、洽谈商务、品尝美食、享受阅读的乐趣;另一方面,通过"采书乐坊"这个平台,营造浓厚的阅读氛围,培育良好的阅读习惯,丰富市民的文化生活,为晋江"书香城市"的建设提供一个可资借鉴的凡例。近两年来,这种崭新的阅读空间模式得到政府与市民的大力推崇,与"采书乐坊"模式相似的场馆相继开放,并且被纳入晋江市委、市政府"鼓励社会力量兴办公共文化"的补助范围,"单个项目最高补助额度达50万元"[①]。

三、从"采书乐坊"角度看

首先,图书馆与生俱来的社会公信力是"采书乐坊"的无形资产,为"采书乐坊"的读者服务提供了一份无声的诚信证明。其次,图书馆可资利用的有形资源不可估量,如舒适典雅的馆舍、4万多名持证读者(此数字每年都在增长中)以及每年承办的100余场读者主题活动……这一切带动读者阅读量的提高,直接促进了"采书乐坊"从图书馆的文献采购中获取更多的利润。再次,公共财政对图书馆逐年的持续投入,包括设备与文献购置费用等,引进了各种图书馆新技术新设备,优化提升了阅读环境的品位,"近水楼台先得月",间接带动与挖掘

---

① 摘自晋委〔2015〕2号《中共晋江市委 晋江市人民政府关于印发〈晋江市文化建设与保护实施意见(试行)〉的通知》。

了"采书乐坊"潜在的读者源。最后,"采书乐坊"通过承办或联办读者活动,既提高了工作人员的个人修养与业务素质,又通过口耳相授的传播,提升了"采书乐坊"在读者中的知名度与美誉度,从而拓展了更多利润空间。"采书乐坊"自 2013 年 10 月搬迁至现址至今共一年零七个月(截至 2015 年 4 月),读者借出图书 17 692 册,图书馆采购42 849 册,总码洋 1 534 745.41 元,"采书乐坊"获得图书销售与加工两项毛利共计 412 846 元,餐饮、沙龙、名家签售书、外语角等其他服务收入 416 008 元。

"采书乐坊"作为一种由基层图书馆主导,引导社会力量共同发展公共图书馆事业的实验载体,出现与存在的理由主要有两方面:一方面,"采书乐坊"作为一种图书馆新的服务模式,为读者营造了舒适而自在的阅读环境,满足了读者多样化的需求,既彰显了基层图书馆的人文关怀,又与"以人为本"的图书馆精神相契合①;另一方面,在新一轮的社会体制改革中,公共财政出资购买社会服务的新政受到社会广泛的关注②。"采书乐坊"的出现,既没有与公共图书馆免费开放的原则相背,又符合新时期文化事业改革发展的要求;既充分顾及了"采书乐坊"的赢利点,又利用其独有的资源为读者提供高品质的公益服务,举办诸如文艺沙龙、书友会、展览、图书漂流、书籍捐赠、艺术品赏鉴等活动。因此,"采书乐坊"可以说是由实体书店、书吧转变为融图书馆服务职能与读者文化休闲功能为一体的范本。这一过程的演变,既可理解为是在大量实体书店倒闭的背景下的成功转型,又可理解为迎合了读者的多元化需求与社会各阶层的迫切期望,更可理解为是现代图书馆拓展多维度服务空间的有益实践。无论是基层图书馆,还是"采

---

① 毛太田,张佳佳,彭丽徽.基于"岭南模式"的图书馆精神影响研究[J].图书馆工作与研究,2014(2):6-7.

② 国务院办公厅关于政府向社会力量购买服务的指导意见[EB/OL].[2013-09-26]. http://www.gov.cn/xxgk/pub/govpublic/mrlm/201309/t20130930_66438.html.

书乐坊",无论如何转变,"万变不离其宗",终极目标均应为城市的文化重建与繁荣,为读者的知识渴求与休闲生活,提供一片春意盎然的文化绿洲为己任。这才是"采书乐坊"存在的根本理由,也才能实现其社会效益的最大化。

第三章　基层图书馆人员引进与培养策略
——在编人员与辅助性人员

现代图书馆事业的蓬勃发展,最根本的推手就是人才。这是一个不争的事实。中山大学图书馆馆长程焕文在《论图书馆人才的特征——关于"图书馆四代人"的探讨》一文中说,"要实现图书馆现代化,首先就必须实现'图书馆人'的现代化①"。那么,在当前全国事业单位改革的大背景下,基层图书馆要如何突破固有人员编制的瓶颈,创新性地探索图书馆人才的引进与管理的渠道,真正实现人才的学以致用与现代化?

毋庸讳言,当前基层图书馆的事业发展,面临着一个共同的困境,即人员数量不足,人员结构不合理,尤其是专业技术人才严重短缺,致使基层图书馆空有满腔抱负而执行团队缺失,纵使工作人员有三头六臂、身兼数职,也因精力、能力所限而难以有所作为。这种情况存在的普遍性与长期性,大大削弱了基层图书馆的服务质量与水平,严重制约了基层图书馆事业的发展。症结所在,与我国20世纪五六十年代制定的事业单位编制有关。

那么,如何解困,是否有捷径可走? 寻求政府编制部门的支持,是否有增编或重新核编的可能? 当然有,但事实是幸运儿并不多。基层图书馆申请增编或核编之路坎坷而漫长,其间之艰辛怎是三言两语所能说清! 编制数的增加或重新核定,涉及的部门多,需要走的程序非常复杂,文化主管部门的初步同意是第一关,接下来既要征得编制主管部门的同意,也要得到财政部门的支持,还要争取到人事主管部门

---

① 程焕文.论图书馆人才的特征——关于"图书馆四代人"的探讨[M].北京:北京图书馆出版社(今国家图书馆出版社),2007:5.

的审批。在当前事业单位编制总量控制不突破的背景下，如此曲折的过程，让不少基层图书馆屡遭婉拒后知难而退。更可悲的是，有些地方政府在对待事业单位编制问题上，抱着"一碗水端平"的管理思路，既不从行业角度出发考虑基层图书馆的工作性质与发展空间，亦不从实际出发考量基层图书馆在地方经济文化生活中日渐重要的角色任务，缺乏科学统筹、创新管理的思维，采取所谓的"一杆秤"标准，导致基层图书馆随着业务工作量愈来愈多，人员却愈来愈欠缺，而其他类型的事业单位则出现人员编制长期闲置的现象。

基层图书馆增编或重新核定编制的诉求，一个字，难！难道就此罢休？非也。既然招录正式编制人员如此之难，为何不可另辟蹊径呢？本章试以晋江市图书馆辅助性人员为例，解读个案背后的规律，探讨行之有效的人才引进与管理策略。

第一节 国内外图书馆人员配置分析

一、国外图书馆人员结构

实际上，国外图书馆大多无人员编制内、外之说。工作人员的数量核定有以下几种途径：（1）工作时数，如美国爱荷华州图书馆对工作人员编制数量的核定，是以工作时数为计算依据的，其将一名全职工作人员的工作时间定为每周 40 小时，用工作总时数除以 40 小时，即可得出所需的全职工作人员编制数量[1]。（2）按需定岗定人，在读者服务需求日渐多元化的情况下，工作人员数量就不可能是一个恒值，因此，国外不少图书馆在明确了岗位及人员的必需条件后，按照岗位的需求情况对外公开招聘。（3）委托第三方委派，由人力资源中介机构提供工作人员，但此部分工作人员主要从事图书馆基础性服务工作

---

① 张广钦.国外公共图书馆建设标准与规范概览[M].北京:国家图书馆出版社,2009:58.

（如上架、整架、借还书、阅览区域的日常管理等），如日本爱知县图书馆近 3000 平方米的阅览室，工作人员仅 6 名，其中 2 名为人力资源机构派遣工①。此种做法既节约人力资源成本，又可将业务精湛的专业人员从琐碎事务中解放出来，从事更高端的公众服务与专业研究工作。(4)全馆所有人员皆聘任，有一定的服务期限，正式工作人员加上义工或志愿者就是其全部人员组成。值得一提的是，有些国外图书馆将馆员按专业程度分类，较为典型的如澳大利亚国家图书馆管理机构的工作人员一般分两类：一类为图书馆员，也即专业人员，分资深馆员、主任馆员和一般馆员三级；另一类为技术人员，一般在图书馆从事辅助性工作，二者均享受公务员待遇②。

综上所述，国外图书馆的人员配置主要从实际需求出发，人员结构分布较为合理，基本不会出现人员捉襟见肘或者人浮于事的情况。

二、国内基层图书馆人员配置的历史与现状

我国图书馆从业人员素有编制之困，采取"一刀切"的办法，严控人员入口，而且大部分定编时间为 20 世纪七八十年代，这显然与当代图书馆事业的蓬勃发展不相适应。尤其是在近期全国事业单位改革的大背景下，向编制主管部门申请重新核编定编受到较大的制约，各单位编制基本处于冻结状态，增加编制几无可能。在这样的现实情况下，不少图书馆退而求其次，采取招录合同人员以弥补编制的不足。这种做法的弊端是合同人员薪酬待遇与正式在编人员不可同日而语，且职位的稳定性难以保证，因此合同人员的流动性较大。若没有较为完善的薪酬机制为后盾，没有较灵活的激励机制为动力，没有平等相待的管理理念为导向，既难以留住人心，亦难以使其尽职尽力。在当前政府鼓励向社会购买服务的政策背景下，部分基层图书馆采取服务

① 王陆军.睁眼看世界：我们向国外图书馆学习什么[M].北京：海洋出版社，2010：85 - 108.

② 杨岭雪.澳大利亚公共图书馆微探[J].新世纪图书馆，2006(3)：49 - 52.

项目外包做法,这里面既有费用不菲的短期核心项目或技术性强的专业项目,也有相对长久的基础服务项目(如上述国外图书馆采取的雇用"派遣工"来完成较简单的服务工作)。但不足之处在于,往往项目一结题,人员即自动解散,相关行业机密、读者隐私甚至研究成果也被带走。鉴于当前社会诚信体系尚不完善的现状,即便事前有合约,当纠纷发生时,基层图书馆作为公益性事业单位,追责起来相当艰难。

以晋江图书馆为例:一是人员编制数严重不足。自 1953 年建馆至今,时间跨度逾半个世纪。2008 年,随着一座建筑面积近 2 万平方米的新图书馆建成开放,相应的业务部室也随之增加,共设有报刊室、文学借阅室、社会科学借阅室、自然科学借阅室、少儿阅览室、电子阅览室、地方文献室、采编中心、数字资源部、服务咨询总台、文化信息资源共享工程支中心、政府信息公开咨询室、台湾文献资料室、特藏室、读者活动拓展部等 15 个业务科室,每周开放 60 小时,按每个岗位平均配置不少于两人,配齐共需 30 人,而现有 16 个编制数远远满足不了流通、借阅、咨询、活动策划、数字平台、宣传推广等服务工作的需求。图书馆服务外延大大拓展,服务内涵有效提升,但人员编制仍与建馆之初无异,业务拓展与人员不足的矛盾日益凸显,这样的情况在全国同类基层图书馆中并不鲜见。二是学历水平参差不齐。晋江图书馆现有正式在编人员多为 20 世纪七八十年代进馆,不少系"关系户"转入,学历层次相对较低,年龄上又以中老年居多。这些人员虽经培训进修,勉强达到大专以上文化水平,但多为党校为主的学历教育(函授),且所修专业为行政管理、法律等,缺乏系统的图书馆学专业知识,难以适应信息技术时代图书馆的工作需要。三是专业技术人才紧缺。随着计算机、网络等高新技术的普及和应用,图书馆在工作方式、技术手段、服务模式上都发生了根本性的变化,亟须大量具有创新性的复合型人才和各类相关专业技术人才,尤其紧缺的是熟悉计算机理论、网络技术、数据库技术、参考咨询、现代管理等方面的专业技术人才。现有专业技术人才仅占图书馆总人数的 12%,工作人员在年轻化、知识化、专业化的程度上不尽人意。这也是我国基层图书馆普遍的状况,大大制约了基层图书馆事业的发展。在此背景下,探索招聘辅助性人员的策略应运而生。

第二节 辅助性人员引进策略设计与预期目标

一、辅助性人员定义

通常意义上,基层图书馆工作人员一般分为两类:一类是正式编制人员,另一类是合同工或临时工。这里,我们引入第三种类别,即辅助性人员。所谓辅助性人员,简而言之,就是在具体业务岗位上担当辅助性工作的人员。目前,国内多数基层图书馆工作人员主要由第一类与第二类人员构成,以第一类为主,第二类为补充。辅助性人员与上述两类人员的区别在于:首先,在概念上,其工作性质为辅助性工作,如上架整架、文献传递、报刊记到、文献查询等。其次,在编制上,其定位为"在编不入编","在编"指由编制主管部门给出辅助性人员的招考编制数,图书馆在此范围里向全社会公开招考;"不入编"指招入人员不列入正式在编人员花名册,但需在编制部门、主管部门备案。再次,在任用上,辅助性人员同样需要签订聘任协议,该协议制定了详尽的细则,包括试用期、岗位性质、工作内容、薪酬待遇,其中尤为重要的条款是聘用期满后若无过错,基层图书馆原则上应予以续约,不得无故辞退,且该协议引入第三方即劳动人事保障主管部门认定并备案存档跟踪督查。另外,在薪酬待遇上,辅助性人员与第一类人员同岗同酬。综上,较之第一类人员,辅助性人员的劣势是无法得到职位提拔与岗位调动,其余均相同;较之第二类人员,其优势在于享受与正式在编人员同岗同酬待遇且职位较为稳定。可以说,辅助性人员的身份认定与薪酬待遇与正式编制人员相对平等。

二、策略设计与预期目标

第一是着眼于招什么样的人。基层图书馆在招聘辅助性人员时,首先应确定"先定岗再定人"(以岗定人)的招录原则,既考虑基层图书馆作为专业服务机构自身的发展目标,又考虑基层图书馆在当地经济社会中承担的任务与职责,拟出具体的岗位需求,然后确定工作人员数量。晋江市民营经济相当发达,经济总量连续 10 年位居全国百强县前 5—7 位,支柱产业为传统制造业,纺织服装业尤为兴盛,近几年来,文化创意、光电信息、海洋生物等新兴产业方兴未艾①。因此,与之紧密相关的图书馆文献建设的重要性不言而喻。另外,晋江是全国著名的侨乡,祖籍晋江的华侨、华人和港澳同胞达 200 多万人,地理位置上又与台湾隔海相望,祖籍晋江的台胞有 100 多万人②。寻根谒祖向来是海内外晋江人普遍的情结,基于此,地方文献专题建设应成为重点,尤其是谱牒专题室、台湾文献资料库、海外晋江籍华人著述库等应作为重点部室来建设。综上所述,定岗既要立足于图书馆事业发展亟须的复合型人才,又要向城市长远发展的产业需求与区位优势倾斜,侧重招录一批地方文献整理与研究、现代科技信息技术类人员进入辅助性人员行列。

第二是着眼于如何留人。人心所向为留人之根本,为此图书馆需要着力解决三大关键点:其一是薪酬待遇,实行辅助性人员与正式在编人员无差别原则,同岗同酬,同一岗位工作人员之间薪酬待遇有别,哪怕是些微区别,也不利于留住人心;其二是职位稳定,人员试用期满经考核合格即予以聘任,聘用期满若无重大过错原则上即应续约,不能朝令夕改,亦不可因人事变动或财政成本等原因而随意辞退;其三是心理归属感(心灵归宿感),这是一个综合考量的指标,涉及工作氛围、进修培训、职级晋升、团队意识与集体荣誉等,需要建章立制作为保障,如跟班学习制、外派培训积分制、适时将优秀员工以考核方式招录为正式编制人员等,逐步引导员工形成"爱馆如家、以馆为家"的归属感。这里必须明确的是,薪酬待遇是基石,解决其后顾之忧;职位稳

---

①② 晋江市地方志编纂委员会.晋江年鉴(2013)[M].北京:方志出版社,2013:40-41.

定是关键,消解其飘摇不定心态;心理归属感形成是根本,以平等的视角注重其心理诉求,包括身份认定、晋升渠道与空间、业务素质提升机会、工作中的成就感与荣誉感等。

第三是着眼于渐进式引进与差异化培养。所谓渐进式引进,即合理制定每年的招考计划数,决不一拿到招考指标当年即全部用完。人员招录进馆后,致力于加强对他们的教育培训,提高其管理服务能力,在上一批次工作人员心态相对稳定并已熟练掌握工作技能后,再进行下一批次的招录引进。总之,成熟一批再招下一批,循序渐进地引进,既考虑到整个队伍的稳定,又考虑到个别人员的离职,防范人才阶梯断层或青黄不接。随着读者对图书馆人才专业化、适用性要求的提高,要实现图书馆的可持续发展,很大程度上取决于人才培养的差异化。差异化是适用型人才培养的必经之途,培养差异化可以弥补"标准化"式人才培养的不足。差异化既不是厚此薄彼,也不是歧视偏心,而是因材施教,在岗位上双向选择,用人之长避人之短。基层图书馆既可为馆员定岗,也允许馆员自主择岗,既要知人善任唯才是举,又要鼓励毛遂自荐;分配上实行绩效工资,既要全馆同岗同酬,又不搞平均主义,推行能者多劳、多劳多得的绩效考评机制;培训上实行学分制度,既有以会代训,也有外派培训,人人机会均等,均以学分来衡量。随着国家人事制度改革的不断深化,图书馆获得更多可供支配资源,用于奖掖先进。借此可尝试实行项目奖励机制,挑选一批责任心强、踏实肯干的员工,以项目制的形式加以锻炼培养,在项目实施过程中促其脱颖而出,并酬当其劳,形成人尽其才、才尽其用、优胜劣汰的差异化培养机制。

第三节 晋江图书馆辅助性人员引进实施步骤

基层图书馆在设定预期目标后,应该适时建立起与目标相适应的人员管理体系,按角色定位与预期目标制定实施方案,包括职能管理、人员招聘、人事关系、薪酬管理、绩效考核、培训进修机制等,甚至应考虑到人员离职的应对措施、实施步骤与管理①,以程序化、规范化的机制来使用与管理人才。方案至少应包括以下内容。

一、设立指导思想

通过面向社会招聘相关专业技术人员及全日制普通高校专科(含)以上学历毕业生到图书馆工作,逐步解决基层图书馆人员配备不足和结构不合理等问题,提高图书馆队伍整体素质,促进基层图书馆事业又好又快发展。

二、界定人员性质

辅助性人员是指在基层图书馆业务部门从事技术辅助性工作的人员,不使用市委编委会核定的事业编制,实行劳动合同聘用制,薪酬待遇由财政全额拨款。

三、成立组织机构

成立人事、编制、财政、劳动、文化等涉及部门联席会议,在联席会议的指导下,成立图书馆辅助性人员招聘工作领导小组,组成人员由市政府办公室、市委编办、财政局、公务员局、劳动保障局、文化体育新闻出版局、图书馆等单位领导和专家组成。该小组作为统筹与指导图书馆辅助性人员招聘工作的唯一机构,坚持德才兼备的用人标准,贯彻公开、平等、竞争、择优的原则,保障辅助性人员招聘与管理工作有序开展。

四、核定岗位要求、招聘人数及经费来源

人数由市委编委会核定并发文备案,招聘岗位条件由图书馆负责拟定报市公务员局审定。图书馆需明确提出工资薪酬标准,报财政局

---

①　柯平,朱明,闫娜.国外图书馆管理研究述评[J].中国图书馆学报,2013(5):83-97.

审定后全额拨付,聘用人员按规定与图书馆签订聘用协议,并送市劳动保障局备案。

五、制定薪酬结构

辅助性人员所需经费由市财政全额承担,聘用期间的工资福利由基本工资(含工龄工资)、勤作补贴和绩效补贴、年度考核奖励组成,参照本市现行大学专科(含)以上学历毕业生见习期、转正定级工资标准实行,并按照《劳动合同法》规定给予辅助性人员办理城镇职工基本养老、医疗、失业、工伤、生育保险,个人按规定比例缴纳,其余由市财政承担。该方案实施两年后,又加上办理"住房公积金"一项,个人仍按规定比例缴纳,其余由市财政承担。

六、明确日常管理

图书馆参照事业单位工作人员管理的有关规定,负责对辅助性人员进行管理,并按照图书馆的规章制度和岗位职责、工作要求进行日常管理和考核。试用期为半年,试用期满经考核合格的,正式聘用为图书馆辅助性人员;不合格者取消聘用资格,档案转至人才中介机构。

第四节　引进辅助性人员的成效与思考

首先,从在职在岗人数来看,据晋江图书馆人事管理部门统计,自2010年以来,共招录45名,目前尚在馆40名,占招录总人数的88.9%,因参加公务员招考、事业单位招聘及其他原因离职的仅占11.1%,从队伍稳定性来看,基本符合最初设定的目标。其次,从业务素质来看,全馆辅助性人员经各种培训培养激励机制成长起来的业务骨干有21名,其中有5人担当部室负责人。由此足见,辅助性人员已不仅仅承担辅助性工作,甚至具备独当一面的能力,包括统筹策划与协调组织能力,尤其是在一年一度的"晋江市'悦'读节""晋江市'一公里半径'城市图书馆群建设"等大型读者活动与市级重点文化建设项目中担当重任,表现突出,辅助性人员的岗位责任感与集体归属感明显提高。当然,针对离职或调离的辅助性人员,图书馆领导曾就薪酬待遇、职务晋升、工作兴趣、心理归属感等诸方面与之面谈,离职的5人中有1人考取公务员,1人考取本馆事业编制,1人因个人原因辞职,2人提及因无法得到参与事业干部职务升迁的机会而选择离职。据此推断,在当前全国事业单位改革的背景下,创新辅助性人员的招聘与管理办法,是突破基层图书馆人员编制瓶颈的有效策略。当前,基层图书馆工作日益信息化、集成化、智能化、网络化、数字化、共享化,这就要求人才引进与培养的方式与手段不可囿于旧规、一成不变,而应与时俱进。在人才引进的过程中,要更注重其期望值与实际适应能力;在培养手段上,积极提供促其成长的土壤与施展才华的舞台,以挖掘潜能、人尽其才。唯其如此,才能提高基层图书馆的核心竞争力,促进基层图书馆事业的可持续发展。

第四章　法人结构治理背景下的基层图书馆馆长
——所为与所不为

第一节　公共图书馆法人治理结构背景

据 2014 年《中国统计年鉴》提供的数据显示,2013 年,在我国广袤的版图里,遍布着 2712 个县市级公共图书馆,县市级公共图书馆占全国公共图书馆总数的 87.14%,也就是说当年全国有 2712 名基层图书馆馆长。这是一个什么样的群体? 他们的职业价值观与工作状态又是什么样的? 他们究竟是文化专业机构的领军人物,还是社会活动家,或者干脆就是行政化的文化官员? 可以说,目前有据可循的,对于基层图书馆馆长这一庞大群体的研究少之又少。偶尔见于公开性的研究文本,多为对整个公共图书馆馆长群体的论说,而且多倾向于地市级以上的公共图书馆馆长,提及县级以下的基层图书馆馆长的甚为鲜见。

当前,国家推行公共文化事业单位法人治理结构试点工作几年来,试点工作取得突破性进展的恰恰就是公共图书馆,应该说广大的基层图书馆是这一变革的主阵地。我们所理解的推行公共图书馆法人治理结构工作的重要意义,主要在于创新基层公共图书馆现有的管理机制,激发基层公共图书馆的活力,提高服务运行效率,另一方面,对于基层公共图书馆的上级主管部门而言,则是实现政事分开、管办分离。

基于上述理解,基层图书馆法人治理结构力度之大、影响之深前所未有。在这样的一场变革中,无论从哪个方面看,基层图书馆馆长始终处于衔接上下、承上启下的位置,因此其工作职能必将发生质变,其角色定位是否将于变革中被赋予一种新的含义？公共图书馆法人治理结构建设势在必行，变革在所难免，前行之路必然充满未知数。在剖析上述问题之前，先来回顾一下国内外公共图书馆法人治理结构的历程。

事实上，公共文化事业单位法人治理结构改革中的一个最重要的组成部分——公共图书馆理事会制度，严格来说其实是舶来品。最早在 1848 年，美国马萨诸塞州议会专门通过一项法案，决定在波士顿市建立公共图书馆并将图书馆事务交由为此专门成立的理事会进行管理。随后，英国、日本、韩国、新加坡等国家相继建立公共图书馆理事会制度。

从 2007 年开始，我国结合事业单位分类改革，开展建立法人治理结构试点，并将深圳图书馆纳入试点。四年后，又分别于 2011 年 3 月与 2011 年 7 月，由中共中央、国务院下发《关于分类推进事业单位改革的指导意见》及国务院办公厅下发分类推进事业单位改革的配套文件《关于建立和完善事业单位法人治理结构的意见》（〔2011〕37 号），对事业单位法人治理结构的基本原理、总体要求、主要内容、组织实施提出明确具体的指导意见。至此，公共图书馆法人治理结构建设尽管已有了试点，但应该说在更大的层面上还停留在文件传达上，真正在实践进程上提速则发生在十八届三中全会之后。全会对法人治理提出具体的决定：即建立法人治理结构，推动公共图书馆、文化馆、科技馆等组建理事会，吸纳有关方面代表、专业人士、各界群众参与管理。随后，在中央文化体制改革和发展工作领导小组办公室制定的 2014 年重点推进改革任务中明确提出公益性文化事业单位建立理事会制度试点。紧随其后，中办、国办联合发文《关于加快构建现代公共文化服务体系的意见》里更加详细地提出："进一步落实公益性文化事业单位法人自主权……建立事业单位法人治理结构，推动公共图书馆、文化馆、博物馆、科技馆等组建理事会，吸纳有关方面代表、专业人士、各界群众参与管理，健全决策、执行和监督机制。"之后，国家公共文化机构法人治理结构试点单位确定，十家试点单位中公共图书馆就占七家,由此说明公共图书馆在国家法人结构治理进程中所扮演的是先锋角色。

第二节　法人治理结构前基层图书馆馆长工作常态

基层图书馆馆长究竟是管理者,还有服务者,或者二者兼有? 基层图书馆馆长的具体工作内容有哪些? 其职责定位又是什么? 在各种公开版本的叙述语境里,可以找得到的只有公共图书馆馆长宽泛的职责范围表述,诸如主持制定图书馆发展方针与年度工作计划,确定人事薪酬机制、活动宣传计划、年度预算,分配与管理工作人员工作任务等。上至国家级公共图书馆馆长,下至县级图书馆馆长,均在上述共性的表述里,查寻不到单独对基层图书馆馆长职责的表述。有人说,无论哪一级公共图书馆馆长,职责都是一致,其实不然。基层图书馆可谓是"麻雀虽小,五脏俱全",基层图书馆馆长因其所在位置,决定其职责与工作范围既有来自专业方面,也有非专业性事务,更有不少推却不掉的所谓行政任务。简而言之,多数基层图书馆馆长名义上是"一馆之长"、全馆最高负责人,实际上无所不包、无所不能,工作内容归纳概括起来至少有5大类:

第1类为涉及财务管理,包括年度经费预算与结算,日常行政办公经费申请、审批与报销,专项经费管理,基建项目工程经费审核等。

第2类为图书馆人事管理,包括全馆职称评聘、馆员调资调薪、中层干部聘任与管理、工作人员招聘与日常管理、馆领导职责制定与分工等。

第3类为图书馆运作与服务,包括制订年度计划、解决读者纠纷、活动策划、图书采访计划审定、公共图书馆业务评估、图书馆绩效评估、馆藏建设决策、专题文献研究、分馆与流通点建设、图书馆学会工作、开展对外文化交流工作、馆际合作协调等。

第4类为后勤保障管理,包括物业管理(水电、保洁、绿化),工程招标,安全生产工作,在职与离退休人员各种保险保障,员工食堂与宿舍的管理运营等。

第5类为其他临时应急事务与杂事,此方面工作琐碎而且缺乏规律性,诸如配合地方政府开展各项非公共文化事业性工作、参加政府部门举办非专业性行政会议、迎接各级非公共文化部门的参观考察、贯彻上级各类会议精神、安全生产与精神文明单位创建与迎检、党工团妇工作、"双拥"工作、扶贫与志愿者服务、青少年维权事务、台风等各类极端天气的值班、走访慰问离退休干部等。

纵观上述五类工作,既有常规性工作,又有临时性工作,还有应急工作,各工作类别之间看似有严格的区分,但每一类、每一项工作始终离不开"人、钱、物"。前五类中,最为耗时费力的是第4、5两类。这其中,第4类工作中的个别项目目前已可以通过采取外包方式解决,即以公共财政购买社会服务,但最后一类工作因其具有繁杂、敏感、突发性、去专业化、时间冗长等特点,往往让基层图书馆馆长疲于奔命,却又难以收到事倍功半之效。

即便能够将基层图书馆馆长的工作内容进行分门别类,但在具体实施中却难以泾渭分明,每一类别工作之间常常是相互交融、难分彼此;即便馆长不必凡事亲力亲为,每一项工作任务仅需负责拍板主抓即可,但哪一样不涉及"人、财、物",哪一样里面没有馆长的身影?一方面,从行政序列而言,县级公共图书馆馆长无非股级,上级管理部门何其多,哪一级哪一家均不可怠慢;另一方面,馆长职级虽低,但图书馆是独立法人单位,财政管理上执行"一支笔"制度,上述每一项工作均涉及钱物出入,哪一样都必须经馆长审批。

综上所述,在法人治理结构建立前,基层图书馆馆长事实上已经成为一个"事务忙",既要有宏观的管理思维,又要善于处理微观事务;既要能"长袖善舞",又要能"事必躬亲";既要能当得了"一把手",又要能做得到"孺子牛"。总而言之,形象地说,基层图书馆馆长就是一剂"万能膏药"、一管"万金油"。随着社会经济文化生活的繁荣进步,基层图书馆当然不能置身事外,成为"世外桃源",基层图书馆更需要发展,图书馆馆长作为全馆负责人,工作任务与职责也会随着社会的发展进程发生变化。总体上看,基层图书馆馆长的工作职能、任务、内容只会是有增无减,工作难度只会是愈来愈复杂,工作时间只会是愈来愈长。馆长所为与所不为之界在哪?转变这种发展趋势是否可能?公共图书馆法人治理结构建设是否能给出一个明晰的说法?

第三节　基层图书馆馆长之所为与所不为

首先必须说明的是,这里所讨论的对象是专职的基层图书馆馆长,个别将图书馆当跳板,期望有朝一日升迁至行政部门的"过路班车"馆长,或者由文化主管部门副手兼任馆长——我们统被之为"非专职馆长",当不属本文的论述对象。

基层图书馆馆长之所为与所不为,触及的是馆长职位与工作之间的"度"。简单地说,即何为馆长之所为,何为馆长之所不为?在基层图书馆界,始终存在这样一种声音,即基层图书馆馆长所为与所不为,简而言之,也就两个字——"人"与"钱"。听起来不无道理,但在实际的工作内容与难度却远非这两个字所能概括。

先说第一层面,关于"人"。"人"这个仅有两笔的汉字,在基层图书馆馆长眼里至少包含两方面的工作任务,一是工作人员的招录与引进;二是工作人员的管理与培养。图书馆人手不足需要招录,人员招录又需要核编制数。没有编制数怎么办?这就要求馆长去找点子想办法。一旦编制指标有了,可以招录了。如何招录?采取公开招考或者通过工作调动,馆长要去统筹考虑。我国是一个人情社会,愈是基层,人情味愈浓,在"招录"这一过程中,馆长难免会受到各种干扰,如上级领导交代的对象要不要照顾,同一文化系统的家属要不要兼顾等。那么,采取向全社会公开招考是否可以规避上述麻烦吗?不然,这里头盘根错节的各种关系需要馆长条分缕析。如此道来,基层图书馆想要招录引进真正适合工作需要的人员,确实是一个艰难的活儿。

在基层图书馆,错综复杂的人际关系,无不在考量馆长的平衡与应对技巧,绝非一个"人"字写起来那么容易。

好不容易将人员招进图书馆了,如何管理与培养,安置在什么样的岗位,工作人员的职业发展前景与职业定位又是什么等,均需馆长充分考虑决定。表面上,招录只是单一的一件事、一次实施过程,但附着其上的各种关系千头万绪,作为一馆之长必须尽力予以梳理协调,并及时做出决断。在实施过程中,上至协调与上级的关系、制定总体招聘计划,下至工作人员的岗位安排与日常管理,无不在基层图书馆馆长所为之范围。在基层图书馆里,难以孤立地看待人事问题。举个例子,几年前总有主管部门询问,图书馆要那么多人干什么?不就是借书还书吗?显然,社会阶层也好,政府部门也罢,大多形成这样的观念——图书馆不需要多少工作人员,只要能维持正常开闭馆就行。那么如何突破这种观念,让全社会对图书馆的重要性形成共识?馆长不仅仅是将时间花在与人事主管部门进行沟通协调上,而且还要有整体的宣传策略能力,如策划生成一批主题读者活动,通过这些活动宣传推介图书馆的服务功能、服务性质、服务优势等,还要主动将优质的图书馆服务推至某些重要场合,如为政府"两会"提供有关市计民生的文献资料服务等,激励图书馆工作人员进机关企业、进村入户开展各种阅读服务,让图书馆服务走入寻常人家。馆长必须牵头促进这种工作方式、工作内容形成常态,从而转变公众心目中的图书馆形象,不再是一个借还书的馆舍,而是一个全方位的公共文化服务公益机构,一旦全社会达成这样的共识,基层图书馆的人事问题就可迎刃而解。

第二层面,关于"钱"。我们都知道,没有经费要办图书馆,当然是一句空话。但是坐等有了资金再来开展图书馆服务,同样也是空话。不时听到有的基层图书馆馆长如是说——不是我们不作为,而是我们手里没有钱。而事实是,图书馆并非没有钱,钱始终在那里——在地方政府的"钱袋子"里,在开明的社会人士手中。关键是要如何让他们痛痛快快地为图书馆掏腰包,这就考量着一个基层图书馆馆长争取经费的能力与技巧。

　　基层图书馆馆长既然是财务管理制度上的"一支笔"，就必须为基层图书馆事业的发展，降下身段，出谋划策，甚至牺牲个人资源，不厌其烦，努力争取办馆、兴馆资金，这是馆长之所为；反之，基层图书馆馆长并非"文化乞丐"，大可不必低声下气求人施舍，更不必为博得"仨瓜俩枣"而牺牲人格尊严，这是馆长之不为。

　　举个例子，基层图书馆举办读者活动的经费来源通常有两种：一是财政拨给，二是社会赞助。无论经费出自何方，一馆之长首先应该思考，政府或社会究竟出于何因拨给图书馆经费？换言之，出资方将得到什么？只有明白其中的道理，经费渠道才能得以畅通。

　　"天下没有无缘无故的爱，也没有无缘无故的恨"，政府或社会"爱"上图书馆，给钱给物，图书馆一定有其不得不"爱"之理由。那么是什么理由呢？就政府层面而言，公共财政可以拨给经费，但图书馆必须将钱用在"刀刃"上。何为刀刃？所谓"刀刃"，即图书馆以开展各种形式的读者活动为政府中心工作宣传造势，特别是为重大、重要的民生项目呐喊助威，促进当地文化事业繁荣发展。要实现上述要旨，图书馆策划的读者活动选题就要贴近民意时政，同时要选准时间节点，以便吸引更多的群众参与并引起共鸣。唯其如此，政府部门才会痛痛快快地打开钱袋子，拨经费给图书馆。

　　同样的，民营企业、社会机构出资赞助图书馆，道理亦然。民营企业、社会机构也需要打广告、宣传造势，单从广告成本论，企业、社会机构借赞助图书馆举办活动来达到宣传之成效，所需成本远远低于现代传媒广告的投入。那么，为什么有些企业、社会机构仍愿在报纸、网络、电视台等媒介上砸钱打广告，却不愿赞助图书馆的读者活动呢？关键在于，馆长既要成为一个介于企业、社会组织与基层图书馆之间的沟通使者，又要成为一个善于利用图书馆活动宣传推介企业、社会组织的关注点的策划大师。值得注意的是，基层图书馆策划组织实施活动过程中，必须把握公益服务的原则，才能达到图书馆与企业、社会机构双赢的局面。在这期间，基层图书馆馆长的沟通协调与策划组织能力至关重要，若能善于发掘对方感兴趣的话题，互通有无、优势互补,从而实现彼此目的,那么下一次的经费赞助就愈发顺利,即形成图书馆与企业、社会机构合作的良性循环。

不可否认,基层图书馆界曾经流传着这样一种看法:作为一馆之长成天跑财政局讨拨款、找企业与社会机构申请经费赞助,这是自掉身价、有损尊严、颜面尽失的事。政府不批给经费,企业、社会机构不愿意赞助活动,图书馆乐得清闲,何必一而再,再而三地去求人呢!求人应是馆长所不为。这种看法未免有失偏颇。基层图书馆馆长上门找政府部门、企业、社会机构申请经费赞助,并非为个人所需,而是为图书馆开展公益服务活动,何需低声下气,何来颜面尽失?事实上,馆长只有到政府部门与企业、社会机构走得勤,才能联络感情、加深印象,并且通过一次又一次的陈述,让对方进一步了解图书馆"已经做了什么"以及"还能做些什么",这样就为下一次的经费申请或活动赞助做足铺垫。因此,作为一馆之长,无论是向政府部门申请经费或者寻求企业、社会机构赞助,完全可以理直气壮、大大方方。当然,资金一旦到位,馆长就得能带领图书馆做出实事、干出实效来;若是光会要钱而不会做事,下回再上门求人,馆长就真的低人几分了。

虽然基层图书馆馆长的所为与所不为,很大程度上围绕着"钱"与"人"展开,但需要特别指出,经费与人员问题,在基层图书馆从来就不是一对平行线,而是相互交织、不可分割,必须统筹协调。工作人员一旦招录入馆,就涉及人员经费问题,因此招录引进工作人员,就应一并考虑人员经费。

第四节　法人治理结构下基层图书馆长的角色定位

基层图书馆馆长既是图书馆专业机构的领军人,又是公共文化事业单位的一把手,其所为与所不为,看似一人之举动,实则牵涉整个图书馆事业,乃至当地公共文化事业之兴衰。因此,准确把握"所为"与"所不为"之间的"度"显得极其重要。

作为一馆之长，可为而不为，是无为；不可为而为之，便是越位。为与不为，关键点在于是否促进基层图书馆事业发展之上。通俗地说，凡是利于基层图书馆事业之发展，又在国家政策法规允许的范围里，即视为馆长之所为；反之，则视为不可为。倘若是可为之事，当光明正大为之；倘属不可为之事，哪怕"芝麻蒜皮"之事，亦应坚避之。"可为"与"不可为"之度，考量着馆长取舍之智慧，而考量的标尺则在于馆长位置的责任与担当。馆长若以秉承图书馆公益服务为终生职业之追求，当能把握好这个度；反之，若以图书馆为驿站或跳板，以期他日跃至其他炙手可热之职位，或者干脆做起第二职业，经商谋私利，生活于锱铢必较之中，当是馆长所不为也。

基于上述分析，我们认为，当前正在进行试点工作的全国公共图书馆法人治理结构建设，实质就是要厘清与规范基层图书馆馆长所为与所不为的度，就是要把基层图书馆馆长从纷繁不清的杂事中解脱出来，就是要把基层图书馆馆长从与上级部门"剪不清、理还乱"，甚至是难以招架的关系中解脱出来。

众所周知，公共图书馆法人治理结构最终要实现的是"由利益相关方共同参与治理的组织架构与运行机制"，突出的特色做法就是将公共图书馆的决策权交由公共图书馆理事会，将具体的实施与管理权交给馆长负责，公共图书馆的整体运行与管理程序化、章程化，有规可循、有法可依。总的看来，公共图书馆法人治理结构建设有利于平衡政府与公共图书馆、公共图书馆与公众之间的关系，可以最大限度地激发公共图书馆内部的活力，从而高效地实现公益目标的最大化。在这过程中，原来由公共图书馆长所负责的图书馆的发展战略与发展规划、财务预决算、重大业务决策、薪酬分配制度、有关章程的拟订与修订、履行人事管理等重大事务的决策权与监督权，先由公共图书馆理事会来协商共治、形成决策意见后，再交由以公共图书馆馆长负责的公共图书馆管理层具体执行。这样做的目的，旨在"突出公共利益和公益目标，彰显公平正义"。也就是说，馆长既作为公共图书馆决策层——公共图书馆理事会中的一员，又作为公共图书馆管理层的负责人——一馆之长，既要行使其所拥有的一票决策权，承担相应的决策失误追究责任，又要负起具体组织实施决策层意见的执行权，并承担执行偏差或实施不到位的责任。

梳理基层图书馆馆长在公共图书馆法人治理结构背景下的所为与所不为，我们发现，在法人治理结构建设试点实施前，凡涉及基层图书馆事业的决策权、执行权与监督权均维系于馆长一人身上，由此而衍生的如上文所述的有关财物与人事的责任均由馆长承担，包括平衡与协调图书馆与政府、图书馆与公众、馆长与主管部门领导之间的关系等。在公共图书馆法人治理结构试点工作实施后，上述集于基层图书馆馆长一身的"三权"相对分立，其中，决策权交由基层图书馆理事会，监督权既可交由基层图书馆理事会，或可单独设立监事会履行监督职能，基层图书馆馆长仅承担图书馆理事会的一票决策权与独立完全的执行权，大大缩小了馆长之所为的职责范围。从表面上看，公共图书馆法人治理结构改革看似削弱了基层图书馆馆长的权限，实则不然。凡是涉及基层图书馆人事管理制度与财务预算计划等重大事项，均须交由图书馆理事会商议决策通过后，馆长即可按照基层图书馆管理章程组织实施，政府主管部门或其他社会组织均无权干涉，从这一角度论，无形中扩大了以馆长为首的基层图书馆管理层执行实施图书馆重大事项的自主权，另一方面，来自政府主管部门或者上级领导的影响因素则消除了。因此，从当前成效上看，公共图书馆法人治理结构改革，规避了政府部门对图书馆业务工作的干涉，一定程度上杜绝了过去那种"外行管内行""上级领导瞎指挥"、政事不分的现象的发生。

公共图书馆法人治理结构改革不仅要有效地规范馆长之所为与所不为，也要让政府与社会用更为正常的眼光来看待基层图书馆馆长之职。

基层图书馆之兴衰与一馆之长的关系不可谓不大。当图书馆事业蒸蒸日上，赞誉之声大多加于馆长一人身上；同样的，当图书馆事业乏善可陈或一蹶不振，苛责之语亦会纷纷袭向馆长一人身上。这是为何？似乎一馆之衰荣惟馆长一人可达，倘若如是，馆长单薄之躯则有不能承受之重矣。不妨举个例子，馆长提议举办全市阅读节，进一步推动全民阅读，但主管部门以准备不充分等原因否决，那么阅读节基本难以实施。退一步说，即便主管部门认可馆长之动议并在经费、人力等方面予以大力支持，但图书馆工作人员并不具备相应的执行力，或者懈怠待之，则阅读节也多半会半途而废。在基层图书馆，成就一件大事，不仅需要馆长的决策与组织能力，还需要主管部门的支持，更需要图书馆工作人员的全力执行，这是一个群策群力的结果。在实施的过程中，馆长既非起最终的决定性作用，也非最关键的环节。因此，若将成事归于馆长一人之功，非但与事实不符，还可能将馆长推向独自邀功的不义之境；反之，若馆长不主动作为，思考何事于基层图书馆事业有益，如何实施成效才能更佳，一味想当"太平馆长"，那么，图书馆之衰落与平庸，馆长确实脱不了干系。归纳起来一句话，一馆之兴盛，绝非馆长一人之功；一馆之衰落则馆长之责莫大焉。

第五节　基层图书馆法人治理结构建设的关键

当前，公共图书馆法人治理结构改革正处于试点实施阶段，姑且不论试点之成效有几何，改革从大处明确了馆长之所为与所不为，对于基层图书馆馆长而言，未免不是好事。但好事多磨，今后一旦要从试点建设迈入全面铺开的实施阶段，至少有以下 3 个关键词值得探究。

一是"行政级别"，建议取消基层图书馆馆长的行政级别。长期以来，公共图书馆馆长除了作为公共文化专业单位的领军人外，还兼具相应的行政级别，如县级为正股级或副科级、地级为正科级或副县级，以此类推。图书馆馆长既是专业技术人员，又是行政官员，这种双重身份貌似让馆长得以左右逢源、游刃有余，实则带来不少弊端。公共图书馆法人治理结构的一个重要目的，就是让专业人员做专业之事，成为具体业务的执行者与实施者。但附着于基层图书馆馆长身上的行政级别，非但无助于馆长开展专业服务工作，而且容易滋生追逐行政权力的思想，这显然与改革初衷相背。2013 年全国事业单位改革后，基层图书馆作为"公益一类"机构，既是公益文化服务部门，又是专业性事业单位。基于此，应该相应地淡化基层图书馆馆长的行政职能，去行政化，将其工作职责定位在专业性与公益服务的范围里。唯其如此，才能杜绝有些馆长在其位谋他途之念，也才能让馆长脱身于烦琐的行政事务，将更多的时间与精力用在基层公共文化服务上。

二是"管控思维"，基层图书馆的上级主管部门应该转变管控思维，实施管办分离，既不当无所不管的"婆婆"，也不当无所不能的"裁判"。改革的意义就是要转变政府职能，让政府主管部门简政放权，不瞎指挥、不滥施指令、不随意干涉基层图书馆的具体业务工作。从目前已经实施的基层图书馆法人治理结构的试点看，如温州图书馆、镇江图书馆、无锡图书馆、深圳福田区图书馆、成都市成华区图书馆等，承担组织实施法人治理结构任务主要还是放在基层图书馆身上。这种从基层逐步向上推进的自下而上的改革，不可避免地将触及某些政府主管部门的利益。可以说，目前的改革试点工作一厢情愿的是基层图书馆，而挑战的却是上级主管部门的权威，因此即便基层图书馆有很大的改革决心，恐怕亦无多大的勇气与资本破旧立新。政府主管部门愿意真正放权吗？若不放权或名为放实则管得更严，则馆长夹在政府主管部门与图书馆理事会之间，位置与身份就更加微妙了。因此，这种自下而上的革新途径是否能真正达到改革的最终目的值得探讨。

三是"职业前景"，从基层图书馆馆长的职业发展前景看，馆长应该努力从"事务忙"角色向"专家、学者"的身份转变。基层图书馆馆长在公共图书馆法人治理结构试点实施前，大多陷入杂事、琐事之中，少有余力思考与决策重大事项，少有时间专注于学术研究，基本处于小事事必躬亲、大事听上级指挥的工作状态。公共图书馆法人治理结构建设的其中一个重要目标就是要让馆长成为专业型的学科带头人，或者管理型的领军人物。因此，一馆之长应该将工作重心放在，为图书馆搭建良好平台、形成先进理念、创新服务模式,注重以自身的学术成就带领馆员致力于专业研究,以卓有成效的管理才华带领队伍,致力于公益服务、繁荣当地文化。

尽管公共图书馆法人治理结构改革尚处于试点建设阶段,但"一石激起千层浪",已引起广大基层图书馆馆长的强烈回应。无论改革最终会以何种形式收官,基层图书馆长无疑是首当其冲的群体,他们发出的声音究竟有多大? 他们的诉求究竟得到的重视有几何? 他们的所为与所不为之范畴,或可借改革之力界定,或因改革而变得更为模糊。但无论如何,改革的本意就是要让政府主管部门简政放权,赋予更多自主权给基层图书馆,让图书馆公益服务有更大的舞台与更多的空间,促进基层图书馆事业的繁荣发展,从而实现城乡公共文化社会效益的最大化。

第五章　基层图书馆特色文献建设
——大众化与地方特色

有人认为,基层图书馆只要做好普通纸质文献的建设,服务好读者的基本文献需求就够了,没有必要花精力去做特色纸质文献的建设。显然,这种观点或多或少隐含着畏难情绪,与长期以来基层图书馆普遍存在的"多一事不如少一事"的心态有关。我们认为,特色馆藏是基层图书馆馆藏纸质文献的重要组成部分,非但不可或缺,而且应该作为一项长远的建设任务来做,而不是"心血来潮"或者"昙花一现"式的短期作为。例如特色馆藏中的地方文献,若仅馆藏当地某段时期或者某一专业领域的文献,就难以全面、准确地展现该地区的人文底蕴与文化内涵。当然,特色文献作为基层图书馆的一项长期的馆藏建设工作,艰巨性不言而喻,既需要有专业的团队、相对恒定的计划,也需要地方政策法规的支持与充足的经费保证。

第一节　基层图书馆特色文献建设的目的与意义

众所周知,基层图书馆的生存与发展,与馆藏结构及建设策略不无关联。什么样的馆藏结构适合基层图书馆?基层图书馆的馆藏建设方针与策略以什么为依据呢?在 1991 年出版的《图书馆藏书建设》一书里有如下表述:"为了确保图书馆馆藏建设的范围能够反映和支持该机构的任务,维持该范围内各种因素的平衡就成为制订馆藏建设方针的主要理由。"①上述观点着重指出馆藏建设方针以"平衡"图书馆馆藏建设范围里的诸因素为要,这些因素包括图书馆存在的目的、图书馆所在区域的特点、读者的需求,社会主流思想,以及图书馆文献采访原则等。显然,这是从图书馆服务功能的角度生发而出的陈述。

另一方面,从价值观出发,馆藏建设结构一定程度上体现了基层图书馆的价值取向,更具体地说,有价值的文献理应纳入基层图书馆馆藏建设范畴。那么对于基层图书馆而言,什么样的文献更有价值?如何开展特色文献的甄别采访工作? 我们认为,基层图书馆应该从较为广泛的社会背景中去理解文献的馆藏价值,从实践意义的层面上去对文献进行辨析采访,具体而言诸如特色文献、珍稀文献、某一特定时期的特殊文献等均可归为有价值的文献予以入藏。基层图书馆作为人类知识菁华的典藏地与保存场所,有责任有义务挖掘、保护、收藏有价值的文献,特色馆藏资源更是必不可少。不妨举个例子,20 世纪前半叶,纽约的公共图书馆定期采购波兰、德国和捷克斯洛伐克的一些不知名地方的市镇指南与概览,这些看似无用又浪费的特色文献资源,不想却在多年后发挥了巨大的作用。20 世纪中叶,伴随着"二战"纷飞的战火,大量的欧洲难民涌入纽约,典藏在公共图书馆里的这些文献资料不断被难民们借阅。这些难民从战火劫难中逃出,原本就一无所有,也已经遗失了他们存在的相关记录,不想却在纽约的公共图书馆里找到为其身份和赔偿要求证明的唯一线索②。这个例子生动地表明,纽约公共图书馆的特色文献搭建了难民们过去与未来之间的桥梁,也充分说明了图书馆特色文献馆藏建设的重要性。那么,什么是基层图书馆的特色文献? 我们认为能体现图书馆所在区域的人文特点、地方特色与民族特性的各种纸质文献均可作为特色文献资源进

---

① 阿瑟·柯利,多萝西·布罗德里克.图书馆藏书建设[M].北京:书目文献出版社(今国家图书馆出版社),1991(1):20.

② 阿瑟·柯利,多萝西·布罗德里克.图书馆藏书建设[M].北京:书目文献出版社(今国家图书馆出版社),1991(1):27.

行收藏与开发利用。倘若文献的利用价值较高,在具备一定的保存条件下,还可将这些有价值的特色文献作为"镇馆"文献而加以保护与利用。特色文献是基层图书馆馆藏体系中极其重要的文献类型,也是最能体现当地人文特色的文献形式。无论是基于保护地方文化,还是为了丰富馆藏建设,基层图书馆均有责任将特色馆藏建设列为重中之重的工作,有条件的基层图书馆更应该成立专门部室,设立专项资金,组成专业队伍,常年不懈地开展特色文献的收集、整理与开发利用工作。

第二节　晋江图书馆特色馆藏文献主要类型

"千年古邑"晋江为历史文化名城,素有"声华文物、雄称海内""海滨邹鲁"之美誉,历史悠久,人文璀璨;晋江与台湾一衣带水、隔海相望,是海峡西岸前沿阵地,还是全国著名侨乡,"十户人家九户侨"是其特色,晋江深厚的文化底蕴与独特的区位优势与人文特点,决定了晋江图书馆特色馆藏建设的方向。晋江图书馆始建于 1953 年,迄今已逾 60 年。经过数十年的努力,晋江图书馆已基本形成以地方文献为主,兼顾台湾文献与海外晋江人著述的特色馆藏体系。其中,谱牒(族谱)收藏是其最重要的馆藏特色。目前,晋江图书馆的特色文献共分 7 类:

第 1 类为海内外晋江人谱牒文献。当前晋江本土有常住人口超过 200 万,侨居海外的晋江人 100 多万(不含台湾同胞)。晋江图书馆收藏的谱牒文献,为广大海内外晋江人的寻根谒祖提供了一个非常重要渠道。目前馆藏有谱牒 1188 册,涉及姓氏 76 个,其中黄、吴、施、林、胡等姓氏册数最多,70% 以上为手抄影印本,最早修订版本为大明万历年间。馆藏谱牒所涉范围为大泉州地区(指泉州市辖的 5 个区、3 个县级市及 4 个县、1 个经济技术开发区),较少一部分为福建省内其他地区族谱,其余部分为包含晋江海内外各姓氏宗亲的族谱。

第 2 类为台湾文献。从区域位置上,台湾与晋江一水相隔,祖籍地晋江的台胞有 100 万人,晋台之间"地缘相近、血缘相亲、文缘相承、商缘相连、法缘相循",这是晋江图书馆专门设立台湾文献资料室的区位优势与人文基础。该室以打造本土的"晋台特色馆藏"为目标,侧重入藏具有台湾本土特色及与闽南地区(特别是晋江)相关的文献。以每年 50 万元的采书经费保证文献的有序入藏,截至目前共入藏文献 7077 册,主要收藏大陆正式出版的涉台方面的所有书籍,包括闽台关系,台湾政治、经济、教育、文化、人文、宗教、风俗、民情、科技等方面以及台湾地区出版的出版物,另外还收藏少部分出版地在港澳的图书。台湾文献资料室文献中大陆出版的涉台文献约占 21%,台湾的各类出版物约占 78%,其中台湾出版物以台湾的社科、人文、历史、地方志为主,重点收藏台湾各地方志图书,约占现有台湾文献总馆藏的 22%,而自然科学类图书仅占 6%,后续将逐步增加。

第 3 类是地方文献。现入藏文献 8892 册,主要收藏总论福建全省,闽南,包括泉州地区政治、经济、文化、科技等各方面的文献,同时兼顾入藏大泉州地区范围内个人及单位出版的著作、著述,入藏较少一部分泉州以外福建省内各县市的地方文献著作,另外还收录一小部分境外出版的涉及晋江或大泉州地区方面的书籍。现有馆藏以文学、历史地理为最,约占 65%,其中又以方志类较为突出。

第 4 类是晋江著述库。藏书 4395 册,该室的收藏范围主要包括:反映晋江政治、经济、文化、教育、科技、地理、人文、宗教、风俗、民情等方面的历史和现状的文献;晋江历代各界人士(包括原籍在晋江,以及原籍不在晋江但曾在晋江任职、居住并有影响的中外人士)的照片、手稿、日记、信函、传记、回忆录及其创作的各类专著、画册、字画等;晋江各级各类企事业单位组织编撰、出版发行的各类文献资料。现有馆藏中,大部分为晋江机关事业单位及社会各界人士赠书,其中以文学、艺术和历史地理类为最,占整个晋江著述库的 70%。文学类文献以晋江人出版诗集为最,艺术类以书画摄影为最,历史地理类以地方志为最。

第 5 类是特藏室文献。馆藏 2951 册,该室主要收藏一些较为珍贵的文献,包括《四库全书》《永乐大典》等大型类书,存有少部分版本较早的古籍、晋江傀儡戏手抄本,以及国家图书馆出版社近年限量出版的珍贵文献。

第6类是海外华文图书。此部分为近三年来新入藏的文献,共135册,均为菲律宾晋江籍华人作家王勇先生捐赠的著作,包括王勇先生个人专著及国内外著名作家、学者赠送王勇先生的亲笔签名本。该类文献量虽少,但非常珍贵,正按原定入藏计划陆续完善。

最后一类为盲文图书。共641册,入藏原则是以各基础学科教材、医学类图书为主,以文学名著及政治历史读物为辅,作为晋江图书馆视障借阅室专用图书。

上述7类特色文献作为晋江图书馆特色馆藏文献的重要组成部分,随着馆藏计划的有序推进,以及入藏工作的深入开展,个别特色文献将日渐丰富,并辟成专题阅览室或者"馆中馆"加以收藏保护与开发利用。

第三节　晋江图书馆特色文献的建设步骤

基层图书馆馆藏文献既然被冠名为"特色",则无论是从文献类型,还是版本内容,均需体现各地各馆馆藏文献之迥异,方能称得上"特色"二字。因此,基层图书馆在特色文献的建设手段与方法上,应因馆而异、因地制宜,但无论如何灵活变通,以下建设步骤则需遵循。

第一步,应当详细掌握当地的历史沿革、时代变迁与基本市(县)情概况。特色馆藏之所以有"特色",首先要考虑当地所处的地理环境、区位优势、气候特点等,如晋江图书馆开设的台湾文献资料室,就是利用晋江与台湾一衣带水的区位优势建立。其次是应兼顾当地的产业特点。我国不少地方经济基本已形成"一地一产"的格局,基层图书馆为地方经济发展提供文献支撑与智力支持是理所当然的工作任务之一,如福建安溪图书馆的"茶文化资料室"就是在安溪是"中国乌龙茶之乡"的产业背景下设立。再次是当地的人文特色、方言差异,有的地方宗教色彩浓厚,有的地方海外华人华侨甚多,有的地方少数民族特色显明……所有这些因素,均应在建设特色馆藏时一并统筹考虑。

第二步,在对当地的历史、地理、产业、人文等方面有了深入了解的基础上,组织人员对全馆现存文献展开摸底调查、逐一建档,并建立除普通中文文献以外的馆藏文献的书目数据库,然后按学科类型、题名与主题词进行分类。这一步骤我们称之为"盘家底",只有了解自己究竟有多少底子,才能准确全面地理清特色馆藏的建设思路,为下一步工作的实施夯实基础。

第三步,在前两步的基础上,提出全馆特色文献的建设计划。计划应该着眼长远,计划执行的时间跨度至少以十年为单位,同时启动设立地方文献呈缴制度,并以当地党委、政府的名义发布,以保证文献的收集与入藏工作的顺利进行。此步骤至为关键,有的地方特色馆藏建设之所以半途而废,究其因就在于仅靠基层图书馆一头热,而缺少地方政府强有力的支持为后盾。

第四步,组成一支专业的特色文献建设队伍。该队伍由两部分人员组成,一类为图书馆专业技术人员,负责定期或不定期下基层进村入户收集各类特色文献;另外一类人员为社会上有志于图书馆事业的兼职人员,如利用当地文艺团体、地方历史研究机构、行业协会、传统文化促进会等民间社会机构或组织,组成特色文献信息通讯员队伍,负责"侦查收集""通风报信",及时收集、反馈本地特色文献的出版信息。上述两部分人员的工作相辅相成,互通有无,共同保证特色文献入藏的信息渠道畅通无阻。

第五步,设立以专项资金与日常经费相结合的特色文献资金管理模式。资金来源以政府财政支持为主,各类社会捐资为辅。对零星的、较为普通的特色文献,采取以日常经费支付的方式;对大型的珍贵文献,或大批量的特色文献,则以专项资金申请的形式重点购置。与此同时,有条件的基层图书馆应该尝试建立收藏特色文献奖罚制度,综合每年特色文献的购置数量与使用的经费额度来考核专业采集人员与社会兼职人员,以此激发特色文献采访人员的工作积极性与主观能动性。

第六步,借助各种各类现代传媒,如互联网、电视、报纸、微博、微信、Facebook 等平台,广泛开展特色文献的征集宣传工作,在社会上倡导支持与捐赠基层图书馆地方文献、特色文献的风气。同时,促使地方政府出台相关政策,采取捐赠与购置相结合的形式开展特色文献的馆藏建设,对社会上的捐赠者视所赠文献的数量与珍贵程度发给入藏证书或以专架展示,对数量较大、特别珍贵文献的捐赠者甚至可以当地政府的名义树碑立传予以鼓励。

上述诸步骤,立足点虽不同,但各有侧重,缺一不可。其中第一、二步是基础性的摸底工作,以合乎地情民意为出发点,确保特色馆藏建设计划有的放矢;第三步则立足于前两步的基础上,在相对较长的一段时间里指导与支持基层图书馆的整个特色馆藏建设,该步骤既可喻为建设实施的"指南针",亦可理解为确保工作顺利的"尚方宝剑";第四步侧重从专业人才队伍方面的建设着手,专业人员作为特色馆藏建设的执行者,是整个馆藏建设成败与否的关键,因此采取"内生"与"外请"相结合的方式组成,既保证特色文献建设的专业性,又能充分考虑到文献出版信息渠道的畅通;第五步主要指的是资金上的保障,基层图书馆的任何馆藏建设均离不开地方财政的支持,但光靠政府财政远远不够,在民营经济较为发达的地区,集中社会资金共同建设特色馆藏是一项征集经费的有效途径。最后一步承接上一步中关于引入社会资金共同建设特色馆藏的做法,借助各种新媒体、自媒体的力量,既宣传特色文献建设的意义与重要性,又推介社会上无偿捐助、捐赠特色文献的义举与先进典型,扩大宣传效应,推进基层图书馆的特色馆藏建设。

第四节　晋江图书馆特色文献建设成效与启示

经过多年的运作建设,目前晋江图书馆的特色文献建设基本已形成政府财政出资购置为主,社会捐赠为辅的良好互动局面。如晋江民营企业家耗资 70 余万独立购置捐赠鹭江出版社 2004 年出版的文渊阁本《四库全书》及国家图书馆出版社出版的《永乐大典》各 1 套，就是一个民间资本无偿参与建设特色馆藏的重要案例。晋江籍作家、文艺家一旦出版个人专著或合集，均自觉呈交晋江图书馆收藏，目前晋江著述库的大部分书籍多由这些晋江作家、文艺家自觉捐赠。另外，海外晋江籍华人华侨对家乡图书馆的支持力度也非常大，连续多年将旅外乡亲的著作、族谱、同乡会会刊等图书资料捐赠给晋江图书馆，为特色文献馆藏增添一道靓丽的风景线。

在基层图书馆特色文献建设日益引起重视的今天，晋江图书馆的特色文献建设有何启示？

俗话说，"众人拾柴火焰高"。丰富一座基层图书馆的特色馆藏，首先是工作态度上，必须转变老观念、旧习惯，秉承开放开拓的思维，以"田野调查"的方式，走到基层群众中去，激发基层群众的参与热情。当前存在着一个不争事实，不少珍贵文献、特色文献因历史上的各种原因，散佚在基层群众手中，图书馆工作人员若枯坐馆舍等待他人将文献自行呈缴上来，则无异于守株待兔，应该主动走出馆舍到寻常巷陌、田间地头去，不厌其烦地去询问去倾听去查看，才能拓宽文献的征集渠道，得到更多有益的文献收藏信息。

第二是政策支持上，基层图书馆的特色文献建设必须有地方政府相关政策法规的支持，让该项工作做起来理直气壮。在特色文献的收集与入藏过程中，若地方政策法规缺失，往往会由于基层图书馆的"一头热"而"气短"，甚至"吃闭门羹"。简而言之，基层图书馆的特色文献收集与馆藏建设必须要做到有章可循与有法可依。

第三是资金管理上，必须采取专项资金与日常经费相结合的资金支持方式，专项资金的申请基于长远计划，日常资金则保证常规工作的顺利开展。基层图书馆的特色文献建设是一项费时又费钱的长远工程，充足的资金是该项工作得以长期有效实施的物质保障，不致以半途而废。

第四是人才队伍上，必须要有一支专业的人才队伍，队伍中的每一个人,既要有比较深厚的专业知识与学术背景,又要能沉得住气、静得下心,愿意数年甚至十数年"坐冷板凳",这是特色文献建设的执行团队必备的基本要素。

第五是宣传传播上,必须利用各种媒介多管齐下,大力宣传与传播特色文献建设的方法、意义与成效。特色文献建设既要静心去做,亦要大张旗鼓地宣传建设成效以及社会人士捐赠文献的义举,因此必须通过各种各样的媒介与宣传手段,唤起全社会有识之士共同参与特色文献馆藏建设。

上述特色文献建设之启示,并非各自孤立,它们之间既相对独立,又紧密相连。这其中,"田野调查"是特色文献建设执行团队必须具有的工作姿态,或可说是工作作风与态度,显示了基层图书馆实施特色文献馆藏建设的决心与耐心。地方政府的政策支持,则意味着特色文献建设工作的公开化、合法化、规范化,既有助于文献的征集与利用工作有法可依,又赋予执行团队更多的便利与可资利用的资源。第三项的资金支持,则是实施该项工作最为基本的保障条件,既保证特色文献建设每一个环节的顺利进行,也保障了该项工作实施的长期性与连续性。第四项主要从专业人才的角度考虑,一项长期性的学术专题工作,若出现人才断层或青黄不接,势必延缓项目进程,甚至中断、难以为继。最后一项,则着重强调整个特色文献馆藏工作不应只做单纯的"书斋作业",而应造足宣传氛围,以立体多层次的广泛宣传,引起全社会的共鸣,共同推进该项工作的持续发展。综上所述,一言以蔽之,田野调查是工作态度,资金支持是物质保障,人才队伍是关键抓手,地方法规是政策支持,宣传推广是氛围营造,五者之间相辅相成,唯其如此,才能丰富与拓展基层图书馆的特色文献馆藏,从而更好地服务社会公众。

第六章　基层图书馆馆藏文献研究与利用
——开架借阅与开发研究

第一节　基层图书馆开展文献研究工作的意义

基层图书馆开展文献研究工作意义何在,主要体现在以下4方面:

一是转变原有的馆藏文献管理观念,走出"重保存轻开发、重服务轻研究"误区。基层图书馆不应仅仅注重文献的保存而忽视文献的二次利用,不应只是注重从事单纯的基础性读者服务工作,而应有计划、有目的地在做好文献入藏与借阅服务的同时,开展文献二次利用与研究工作。基层图书馆开展文献研究工作所取得的成果,反过来又可以丰富图书馆的特色文献馆藏,更好地推进读者服务工作。

二是充分挖掘特色文献的价值,开展有针对性的文献研究工作。有的基层图书馆虽然花了大量的精力与财力,经过日积月累,入藏了丰富而翔实的特色文献资源,但往往静立于书架无人问津,或者仅仅提供给读者在馆阅览,文献的研究价值没有得到充分的开发与利用。基层图书馆不妨抓住文献"特色"二字的价值,开展针对性的基础研究工作,如晋江图书馆开展"晋江理论系列"研究、台湾文献与人文交流研究,以及利用谱牒文献开展寻根文化研究等,充分挖掘地方文献的研究价值,实现特色文献资源利用最大化。

三是开展定题研究,满足读者多元化文献服务需求。现代公共图书馆文献服务工作的一个较为突出的变化是,愈来愈多的读者、政府部门或者社会机构,希望图书馆利用其丰富的馆藏为其提供定题研究与咨询服务工作。在民营经济较为活跃的晋江,传统制造业如食品、纺织鞋服、机械制造等产业非常发达,近年来与上述产业相关的定题研究颇受欢迎。又如,晋江市政府在制定发展文化创意产业计划前就要求图书馆为其提供专题咨询与服务工作,图书馆则采取以系列专题报告的形式分期提供文献定题研究服务。

四是创新人才培养的思路,促进复合型人才的成长。基层图书馆并不缺从事基础性读者服务的工作人员,但研究型人才则非常短缺。基层图书馆开展文献二次利用与研究工作,既可以立项目或定课题的定向培养方法,锻炼培养一批研究型、复合型人才,为图书馆的跨越发展提供人才支持;又可以让图书馆工作人员通过参与文献研究工作,提升自身价值,实现职业追求与人生目标。

第二节 晋江图书馆开展文献研究工作的背景

晋江图书馆自 2012 年开始,对馆藏纸质文献开展专题研究与开发利用,主要基于以下背景:

一方面着眼于晋江悠久的历史。俗话说"地下看西安,地上看泉州",晋江作为泉州首邑,素有"泉南佛国""海滨邹鲁"之美誉,又是"多元文化的宝库",还是历史上闻名的"千人进士县",历史积淀深厚,文风鼎盛。因此,藏于公共图书馆、方志馆,或是散落于私人的有关海洋、宗教、商贸交通、文化艺术等类型的文献资源可谓繁复多姿,赋予了晋江图书馆文献研究工作浓郁的人文氛围与广阔的发展前景。

另一方面着眼于晋江的侨乡特色。晋江是全国著名的侨乡,有"十户人家九户侨"之称,祖籍晋江的华侨华人和台港澳同胞有 300 万人,居住晋江本土有 200 万人,因此有"海内外 500 万晋江人"之说法。晋江籍海外华侨、华人从商之余,素喜执笔行文,或寄托对故国家园之悠思,或表达在异域开疆拓土之艰辛,各种各类著述颇为丰富多彩,为晋江留下数量可观的文献资源,这无疑为研究晋江籍华人华侨的迁徙与奋斗历史提供了极其重要的原始文本。

上述两方面背景,主要基于晋江特色文献资源之现状,而最后一方面背景则侧重于地理位置与区域优势。晋江与台湾一衣带水,晋江的金井与台湾的金门两地仅隔5海里,因此,涉及海峡两岸题材的文献研究工作当不容忽视,近几年来,晋江图书馆专门设立台湾文献资料室,初衷就是为今后开展海峡两岸相关文献研究提供馆藏基础与文献支持。

这里有必要对晋江图书馆现有馆藏做一个特别说明,晋江图书馆始建于1953年,至今已逾花甲,建馆历史之悠久,在全国基层图书馆中尚属少见。在如此漫长的发展进程中,晋江图书馆积累了不少珍贵文献资源,但由于历经多次行政区域管辖权的变动(先是在晋江设立地区行署,将泉州与晋江合而为一,后又析分而治,晋江成为泉州辖下的一个县级市),直接影响了晋江图书馆事业,最突出的表现就是造成原藏晋江图书馆的一批珍本、善本或特色文献的散佚或异馆而存。在20世纪90年代国家图书馆组织的全国古籍善本普查中,晋江图书馆仅有1种收入《中国古籍善本书目》,而泉州市图书馆则多达55种。实际上,泉州市图书馆的大部分善本原属晋江图书馆所有,因为当年行政管辖权变动时,晋江图书馆只是晋江文化馆内设的一个阅览室,不具备保存这些珍贵文献的条件,而泉州图书馆则拥有独立的馆舍,于是这些珍贵文献便采取异地保存,直至形成今日之现状。

第三节 晋江图书馆文献研究工作目标与主要任务

一、馆藏文献基本情况

目前,晋江图书馆馆藏文献类型主要有8种:

第1种是普通中文图书,以本馆基本藏书目录上的5000种文献为主架构,全库共292 356种481 660册。该类文献主要以各学科的通俗读物为主,专业书籍为辅,基本满足普通读者的阅读需求。

第2种为少儿类文献,共65 861种131 326册,主要以文学、语言、教育、艺术方面图书为主;晋江图书馆城区第一分馆——晋江少年儿童图书馆现有藏书28 354种72 173册,基本满足晋江各个年龄段少年儿童读者的阅读需求。

第3种为期刊与报纸。每年订购约1240多种,其中可以外借170多种,多以通俗读物为主;晋江图书馆中心馆期刊有1100多种,以文学及社会科学类为主;晋江少年儿童图书馆期刊140多种,以符合少儿阅读的刊物及社会科学类为主。另有过刊26 836册,并以每年3200册左右增加,并开展外借服务。报纸每年订购约190种,其中中心馆160种左右,以福建省内发行的报纸为主;晋江少年儿童图书馆30种左右,以适合学生及家长阅读的儿童报、信息报为主。现有全馆馆藏过报2872册,可供读者阅览。

以上三类馆藏文献资源主要用于满足普通读者的基本阅读需求,以下各类为馆藏特色文献:

第4种为台湾文献资料,共7077册,收藏涉台方面的所有书籍。

第5种为地方文献,共8892册。

第6种为晋江著述库,含部分海外华文图书,共5730册。

第7种为特藏室文献,共2951册。

第8种为盲文图书,共641册。

总体而言,晋江图书馆馆藏纸质文献,以图书为主,约占95.54%,这其中作为特色馆藏的海外中文、特藏文献、晋江著述、地方文献和台湾文献等所占比例尚不大,馆藏文献的地方特色虽然显明,但馆藏量尚有待扩大。针对上述馆藏文献现状,我们采取一分为二、区别对待,普通文献用于满足普通读者的基本借阅服务,特色文献则主要作为重要文本加以研究与利用。

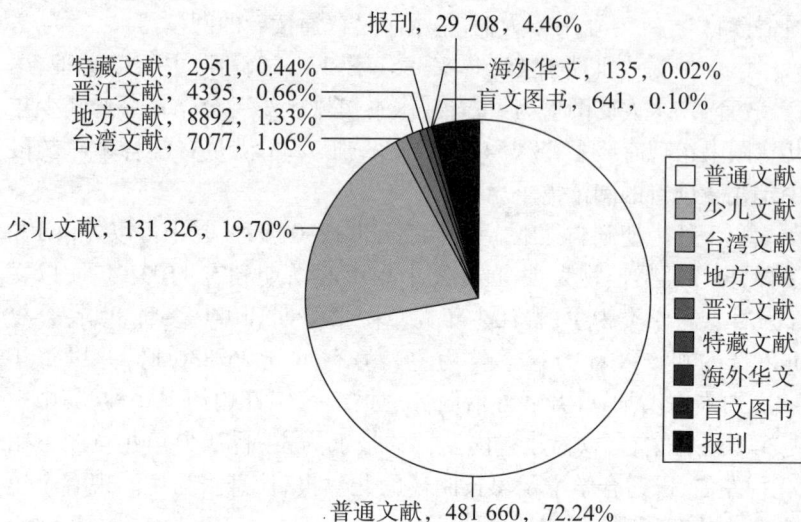

报刊，29 708，4.46%

特藏文献，2951，0.44%
晋江文献，4395，0.66%
地方文献，8892，1.33%
台湾文献，7077，1.06%

海外华文，135，0.02%
盲文图书，641，0.10%

少儿文献，131 326，19.70%

普通文献
少儿文献
台湾文献
地方文献
晋江文献
特藏文献
海外华文
盲文图书
报刊

普通文献，481 660，72.24%

晋江图书馆馆藏纸质文献分布图（晋江图书馆采编中心提供）

二、文献研究基本目标

设立文献研究室，统筹协调全馆的文献研究工作。通过组织馆内外相关专业技术人员对馆藏特色文献如晋江谱牒、台湾文献、海外华侨华人著述等文献进行分析研究及二次利用，撰写文献研究方面的论著或调研报告，推广图书馆优秀的建设经验和做法，为政府决策、社会发展提供准确高效的咨询服务及智力支持。

三、文献研究室主要任务

（一）承担文献研究的相关工作，负责组织研究课题、拟定研究计划、成果推广等工作。

（二）每月邀请1名相关文献专业领域专家莅馆指导文献研究室的工作，对研究人员进行学术辅导，开设专题讲座并提供相关课题的咨询与引导。

（三）文献研究室每季度召开1次会议，商讨研究课题事宜及督促研究进展，及时总结工作，交流经验。

（四）设立文献研究专项资金，制定开展文献研究工作奖励办法，鼓励研究人员发表研究成果、出版个人专著。

（五）有计划、有针对性地吸收年轻的专业骨干到文献研究室进行专题研究，补充新血液，培养后备研究梯队。

第四节　基层图书馆文献研究工作新思路

对于晋江图书馆而言，文献研究工作并非是一项日常的事务性工作，而是作为一项重要的专题项目，独立于日常工作之外。

晋江图书馆的文献研究工作框架由一个虚拟专业部室、一群"内生＋外聘"研究人员、一笔常设专项经费共三部分组成，与其他基层图书馆的文献研究工作相较，主要有以下4方面特点：

首先是设立一个虚拟部室来统筹全馆的文献研究工作——文献研究室。基层图书馆通常将文献研究作为一项阶段性的工作纳入全馆年度工作计划，所有的研究人员均从馆内选出。晋江图书馆专门设立一个虚拟专业部室——文献研究室。该部室之所以称为"虚拟"，意为研究人员分布在图书馆的其他业务部室，没有固定的工作地点，待研究项目或课题确定后，即召集相关研究人员集中在一起开展研究工作，项目结题后研究人员又回到原部室。在部室人力资源配置上，突破传统模式，采取外聘与内生相结合。"内生"即基础研究人员全部来自于图书馆内部，采取个人自荐与专业知识审核相结合的形式，由一批有志于文献研究的专业人员组成。这些工作人员本身具有强烈的研究追求，愿意数年如一日"坐冷板凳"去实现自身的人生价值。另外一部分研究人员来自馆外，采取外聘的形式，邀请在文献研究领域有一定造诣的专家或学者，担任专家顾问，成立文献研究专家顾问团。图书馆利用其学识才华与学术成就，为研究项目与课题提出意见与建议，在项目与课题的实施过程中提供学术支持，为基层图书馆事业的发展把脉。在外聘专家实施过程中,图书馆拥有充分的自主权,无论是拟开展的研究领域,还是拟聘的研究人员类型与数量,均由图书馆自主掌握,以此保证图书馆能够拥有更有针对性的专家资源。

其次是文献研究时间安排相对自由。图书馆内生研究人员不必集中在某个固定场所开展研究工作,仅在项目定题后进行若干次集中探讨,也就是说文献研究室有名字有编制,实际上却无固定工作人员与固定办公处所。研究人员完成某项课题后,若短时间可能不会再有新的研究项目,即回原部室从事其他服务工作。对于外聘专家顾问而言,时间的自由度更大,学术支持与授课培训既可采取面授,也可以通过网络、电话等现代通讯方式完成,只有在每年项目定题时外聘专家顾问与馆内研究人员需要集中在一起讨论拟定,待项目一结题,双方人员就各自归位。这样,无论对馆内研究人员或馆外专家顾问,既可节约大量的时间成本,又能起到事半功倍的效果。

其三是学术支持与合作方式较为灵活。每一名专家顾问每年至少要开一场面对全体研究人员的学术专题讲座,在项目课题研究过程中,遇及困惑时专家必须把脉诊断,施以援手,平时则无须亲临亲为。一边是具有深厚学术背景的专家顾问,另一边是来自具体工作岗位的研究人员,学术理论与业务实践两相结合,既不影响专家顾问原有的学术研究环境,又给研究人员充分的资料查询、撰写调研报告的空间。这种合作方式与高等院校培养研究生有相似之处,区别在于,图书馆研究人员始终身处业务实践的第一线,而不是待在"象牙塔"里,其实践能力远远大于理论基础,而专家顾问所起的作用恰恰就是适时纠偏调整研究方向、提纲挈领地给出修改意见。

其四是文献研究经费采取单列专项拨给。文献研究经费既是常设经费,又是专项经费,必须保证专款专用。经费使用贯彻"确保重点、优先急需、综合平衡、效益评估"的原则,确保经费开支真实、合法及有效性,以保证文献研究工作的正常进行。图书馆将文献研究经费单列入年度财政预算清单,一方面保障文献的研究利用不成"无源之水",另一方面有利于集中财力,在规定时间里保证项目的顺利开展,并拿出研究成果。

晋江图书馆文献研究室聘用的专家顾问主要界定为三类:第 1 类为长期从事图书馆学、文献学、图书情报档案学期刊编辑工作的专家学者,以其对图书馆学、文献学及相关前沿知识信息的敏锐观察与领会,可为图书馆研究人员提供更新更全面的文献研究资讯;第 2 类为普通高校图书馆的管理者,主要为馆长、副馆长,或者业务部室负责人,以及直接在一线带图书馆学、文献学、版本学研究生的教授与在科研机构长年从事文献研究工作的学者,主要借其丰富的学术研究背景,对图书馆研究人员能起到传帮带的作用;第 3 类为各级公共图书馆馆长,以其长期从事公共图书馆管理与服务工作的实践经验,可以更有针对性、有的放矢地指导文献研究工作,尤其是地方文献的管理与研究工作。晋江图书馆文献研究室成立一年多来,已聘请上述三类专家顾问 11 名,专家专业领域涵盖产业情报服务、信息服务与用户研究、知识产权管理、信息化与管理创新、信息处理与计算机应用、图书情报档案管理学、区域文化史、数字资源、信息法学、图书文化史、文献信息资源建设、医学文献、中医药信息管理学、图书馆学、文化学、闽南文化研究、闽台历史文化、海洋历史文化与两岸关系、数字图书馆、期刊研究、图书馆史、学刊编辑、摄影、少儿图书馆、公共图书馆管理等 20 余项,既有宏观的学术前沿领域研究,又有微观的专业学科研究;既有重于理论基础的研究,也有针对性的区域性研究。从专家顾问整体阵容上看,文献研究工作既注重理论基础,亦注重实证过程,图书馆的研究人员可以通过专家的专题讲授与日常点拨,将实践工作与理论研究融会贯通,在具体的文献研究过程中得到启发与领悟,形成真知灼见。

晋江图书馆文献研究室目前已形成一支由 12 名有志于文献研究的青年馆员队伍,馆员学历层次较高,均为本科生以上,其中硕士研究生 3 名,专业涉及近 10 个领域,上报的研究选题包括闽南文化研究、台湾人文关系、晋江古籍普查及开发利用研究、基层图书馆外文书库建设、闽南地域文化语境下的图书馆服务等 14 个课题,提供专家顾问团审核指导把关,最终确定在近两年的时间内开展专题研究的课题有

6 项,其中两项被列为重点课题。

馆外有一支由各种专业背景构成的学术研究团队、专家顾问团,除每月来馆开展一场专家学术讲座外,还不定期地来馆指导文献研究工作,以自身的学术专长与研究成果进行零距离的传道授业解惑;馆内的研究人员定期举办以文献研究为话题的主题沙龙,每月主讲一场"青年研究馆员微讲堂",结合工作实践,侧重从自身参与文献研究以及阅读"私生活",与全馆工作人员分享心得体会,进行思想碰撞。下一步,文献研究室还准备承担编辑出版《参考与研究》(暂定名)刊物任务,该刊物既为市委市政府的重大决策提供文献依据,同时也为全体馆员的学术研究与学术争鸣提供展示的平台。

众所周知,基层图书馆的文献研究是一项长远的工程,难以一蹴而就,需要持之以恒的积累与沉淀。在这一过程中,不仅要馆藏丰富的文献资源以供研究,还要实施研究型人才的培养计划,更要有灵活的文献管理与利用机制作后盾。对于晋江图书馆而言,以文献研究室为抓手,统筹协调好馆内外研究人员,以充足的研究经费为保障,假以时日,推出一批文献研究成果并非是一厢情愿的事。

第七章　基层图书馆数字资源体系建设
——注重普及与凸显特色

第一节　基层图书馆数字资源建设发展趋势

在瞬息万变的网络语境下,现代信息技术与公共图书馆的结合愈来愈紧密,从文献采访到服务模式,从读者活动到数据库利用,从馆藏建设到文献开发研究等,均与现代技术信息与数字资源建设不无关联。尤其是图书馆3.0时代的到来,标志着基层图书馆已经迈入自动化、数字化、网络化的时代。

随着现代信息技术的日新月异,一座基层图书馆的馆藏早已不再仅限于馆藏纸质文献,还应馆藏电子文献等数字资源。数字资源是基层图书馆馆藏建设的重要组成部分,几可于传统意义上的纸质文献建设并重,形成彼此共存、互为补充、合而为一的关系。因此,置身于多元化的网络时代,基层图书馆亟须思考,要如何构建富有地方特色又方便快捷的信息资源体系,以满足不同层次的读者在资源服务上的个性化需求。

众所周知,传统意义上的公共图书馆,其资源类型多数以纸质、音像及缩微资料为主。这里,姑且称之为"物理资源"。那么,如何将馆藏物理资源数字化,搭建一个既具特色又深受读者喜欢的数字资源体系,首当其冲的就是要考虑如何界定数字化内容与类型。也就是说,哪些资源需要数字化加工,哪些不需要,哪些需要马上着手做,哪些可以暂缓?凡此种种,既有得失取舍之分,又有轻重缓急之别。我们认为,在具体实施过程中,凡具本土、本馆特色,为读者所喜爱,或与本地产业经济能相对接的文献,即可列为特色文献而进行数字化加工保存,而且原则上应该排在优先数字化加工的范畴。反之,则属不需要数字化或者不急于着手加工的文献。做出上述考量,主要基于"特色化""读者第一"与"服务地方经济"三方面原则,目的就是要在整个数字资源体系建设中突出特色信息资源馆藏①。当然,基层图书馆的经费与人力资源不足等原因,势必影响到馆藏文献资源的数字化建设。因此,我们在制定馆藏数字资源建设策略上,侧重从方式、内容与使用管理等方面进行规划与建设,以建成立体多维、方便快捷的馆藏数字资源体系为目标,实现信息资源社会效益最大化。

第二节　晋江图书馆数字资源建设策略

2009 年以来,晋江图书馆的数字资源体系建设稳步发展,目前共购入数据库6 个、自建特色专题数据库4 个,数据总量37TB,另外还可远程链接访问各级文化信息资源共享工程资源 380TB。受制于经费、人员与技术力量等方面的约束,加上读者对图书馆数字资源服务需求的不断增长,晋江图书馆以实际需求为导向,明确了在数字资源建设途径上采取"重获取轻拥有"、建设内容上体现"地方特色"、资源使用上"方便快捷"三大策略,既重视大众化、普及性数字信息资源的建设,又侧重凸显地方人文与区域优势的特色信息资源建设。

一、建设途径——"重获取轻拥有"

晋江图书馆在数字资源建设中因馆而异、因地制宜地采取自建、外购与共建共享三种方式逐步有序推进,明确"以资源服务为主、以资源产权为辅"的建设理念,即重视读者对数字资源的获取,淡化图书馆对数字资源的拥有权。具体做法采取权威核心数据库重点购置,特色

---

① 万爱雯,周建清.图书馆资源建设与编目工作研究[M].北京:当代中国出版社,2013:6 – 7.

数据库筹集资金自建,共享国家、省级文化信息资源以减少财政负担等三种形式。

1. 外购数据库

经过缜密的调研,在购入前期,向读者免费开放数据库试用服务,然后综合各类读者的使用情况与现实需求,购入《CNKI 中国期刊全文数据库》《维普中文科技期刊数据库》《CAMIO 艺术博物馆在线》《软件通——计算机技能自助式网络视频学习系统》《读秀知识库》《超星数字图书馆》等数据库。目前馆藏电子图书 58 万册、电子期刊 10 604 种(43 794 074 篇)、教学软件 135 种(29 764 条数据)、少儿多媒体资源 6000 多集,同时还提供网络远程共享电子图书 240 万册、艺术博物馆图片 9 万张,外购数据库总量共计 25TB。

2. 自筹自建特色数据库

(1)专题特色库

立足晋江的地理位置、区域优势、历史人文及社会经济特点,以保护传承为原则,兼顾专业特色,同时结合图书馆馆藏实际,自建"晋江谱牒全文数据库""晋江文化丛书"(共 5 辑)"晋江理论系列""印象晋江系列"等 4 个专题数据库,数据总量 290G。

(2)书目数据库

全馆现有文献书目数据共 322 498 条,文献书目数字化达到 100%。

(3)展览资源数据库

晋江图书馆每年开展各类读者活动超过 180 场次,其中具有地方人文特色的文化展览是展览资源数据库的重要组成部分。每一次展览均同时将展览资源加工成数字资源,实现线上与线下两场同步展览。目前已加工 75 场展览图片,拥有共计 37G 的数据量。

3. 共享数据库

(1)福建省图书馆数字资源

晋江图书馆与福建省图书馆签订数字信息资源共享协议,晋江图书馆读者可以在图书馆内通过远程登录端口,免费使用福建省图书馆的数字资源,目前可共享的数字资源总量100TB。

(2)"泉州文献之窗"数字资源

晋江图书馆通过与泉州市其他公共图书馆合作,加入"泉州文献之窗"数字资源的建设与共享服务,晋江读者可以共享的资源总量近60TB。

(3)文化信息资源共享工程资源

晋江图书馆作为全国文化信息资源共享工程支中心建有文化信息资源共享工程数据库,并及时接收文化信息资源共享工程国家中心、省级分中心下发的数字资源,总量220TB。

上述三种数据资源建设途径,秉承"重获取轻拥有"的理念,外购数据库与共享数据库尤其注重拓展读者资源存取的自由度,这其中,外购数据库多年来除投入资源更新费用外,二次投入的经费微乎其微。目前,存储在晋江图书馆的数字资源总量仅占全馆共建共享数字资源总量的8%,图书馆拥有知识产权的自建数据库在整个数字资源建设体系中也占不到1TB的总量。晋江图书馆在数字资源建设体系中虽然采虚拟馆藏与实体馆藏并存,但前者比重明显大于后者。这样做的目的,一方面是拓展丰富了馆藏数字资源的渠道,使数字资源体系建设更加多样化;另一方面,由于数字资源的发展日进日新,图书馆更加注重读者在获取使用数字资源的服务,既可以腾出更多的存储空间,又可以节约更多的设备投入与维护费用,还可以节省更多的人力资源。

二、建设内容——体现"地方人文特色"

馆藏数字资源凸显特色,为读者提供特色资源服务,这是基层图书馆数字资源建设的根本任务,也是特色馆藏资源建设的发展方向。既为特色数字资源,即有别于其他同类图书馆的数字资源,通俗地说,就是"我有你无"或"你有我无"的数字资源①。晋江图书馆的数字资

---

① 万爱雯,周建清.图书馆资源建设与编目工作研究[M].北京:当代中国出版社,2013:9.

源体系建设兼顾地方人文与产业特色,主要由4大特色数据库组成:

一是产业数据库。晋江民营企业数量众多,民营经济非常活跃,在社会经济比重中有"三分天下有其二"之说。晋江有五大地方传统支柱产业(纺织、制鞋、建材陶瓷、纸制品、食品饮料等),以及五大新兴产业如装备制造(智能装备)、航空零部件制造维修、高端印刷、光伏能源、新材料等,据晋江市人民政府《晋江市2015年国民经济和社会发展计划执行情况及2016年国民经济和社会发展计划草案的报告》显示,2015年上述五大传统产业与五大新兴产业就分别完成产值3140亿元和480亿元,如此庞大的民营产业对信息资源的需求与整合必然有较大的想象空间。图书馆可以借助自身的文献存储优势,收集相关文献信息资源,建立产业专题数据库与信息检索系统,为晋江的民营产业与行业人士提供一个情报交流、产品推广、资源整合的平台。

二是谱牒数据库。晋江图书馆经过10多年的族谱收集与整理,目前已形成一批涵盖数十个闽南姓氏的族谱文献库,为开展两岸四地族谱互展与文化交流活动提供文献支持,方便闽南地区及港澳台同胞与晋江海外华人华侨的寻根谒祖。但较为不便的是,港澳台、海外乡亲查询族谱则需要亲自来图书馆,一趟不能解决,往往要多趟往返,有时又无功而返,费时又费力。鉴于此,我们将馆藏族谱进行数字化加工,建设晋江谱牒数据库,但在实施过程中却遇及不少亟须破解之处:族谱所涉私人信息的如何保密,如何甄别与维护族谱展示的地方传统文化,另外,不少族谱常年供奉于宗祠,轻易不示人,族谱的管理者多为乡村的族亲长辈,"请"出族谱的陈规陋矩繁杂。谱牒数据库建设伊始,就举步维艰,一方面要千方百计"请"出原谱进行甄别加工,另一方面又要维护族谱里的私人信息与地方传统,着实考验着基层图书馆的工作人员。

三是海外华文著述数据库。晋江有海外华人华侨200万人,另有祖籍地晋江的台胞100万人,涉及这一群体的各种著述颇为丰富。目前晋江图书馆正通过各种渠道关注与收藏有关晋江海外华人华侨、晋江籍台胞的著述、著作,并在此基础上,逐步将收藏入馆的纸质文献进行加工、保存与利用,使之成为特色数据库。从保护与传承的角度延续海外华文特色文献资源的生命,为今后开展晋江海外华人华侨文献专题研究服务。但应该说,目前该数据库尚处于起步建设阶段。

四是晋江著述数据库。该库是晋江图书馆一大特色数据库。目前已初具规模,包括晋江文化丛书、晋江理论、印象晋江、晋江籍作家作品等 4 个子数据库。由于社会对建设该数据库的关注度高,既有政府层面的要求,也有读者的呼声,因此前期纸质文献的收集与整理较为全面,可谓得天时地利人和于一身。该数据库囊括了晋江近 30 年来出版的涉及文化、经济、宗教、民俗、社会民生、文学艺术等层面,尤其值一提的是,我们首次将相关图片资源也加工成数据,全库分类清晰、内容丰富、图文并茂,颇受读者欢迎。

三、使用管理——"方便快捷一站式服务"

不可否认,基层图书馆往往存在着馆藏实体信息资源与虚拟馆藏信息资源在采访、获取、利用等环节上相互脱节、各自为政的现实,由此直接导致了图书馆在使用与管理上的诸多不便,如不同资源类型,读者在获取与利用时往往需要频繁地切换不同的检索平台。因此,基层图书馆在实施数字资源体系建设中,应该将资源整合平台作为一项重要的建设内容一并纳入,充分考虑实体馆藏与虚拟馆藏、不同类型信息资源之间的兼容与整合,创建一个统一而便捷的资源检索平台,为读者提供"一站式"服务。从 2015 年开始,晋江图书馆依托现有网络资源、数字资源,利用网络技术手段,搭建晋江文献资源共享平台和服务平台,加快晋江数字图书馆的建设步伐,为读者提供"一站式"的资源获取服务,实现全馆文献资源的共建共享。主要做法包括以下 5 个方面:

一是结合本地区的人文特色和本馆的特色资源,尝试建设一批具有地方特色的专题数据库;

二是建设统一的数字资源检索平台——晋江文献中心,以方便读者检索、获取与利用;

三是开通文献信息传递服务,弥补本馆资源不足,满足更多读者的信息需求;

四是建设手机图书馆与微信图书馆,为读者提供方便、快捷的移动数字阅读;

五是进一步丰富数字信息资源种类,大力引进少儿类数字资源。

上述做法中,第1、第5两项主要从丰富馆藏信息资源、突出重点收藏、凸显特色馆藏的角度建设,第2至第4项则从管理使用角度出发,以系统整合的理念,推进方便快捷的资源信息服务真正落到实处。

第三节　基层图书馆数字资源体系建设基本步骤

我们时常在一些场合,听到一些图书馆同仁每每谈及数字资源服务或数据库建设,就互相询问购买了哪些数据库,自建了什么数据库,却很少耳闻提及数据库的使用率。这里面反映出的问题,理应引起我们重视,基层图书馆花大量经费购置或者自建数据库,是否有必要?如果我们只重视数字资源建设却无视使用率,是否是另外一种形式的资源浪费?上述问题回答若是肯定,那么下一问题是,外购与自建数据库基于什么依据,即建设数据库的主要用途是什么?付出大量的经费与心血,知其所以,而不知其所以然,这是当前基层图书馆数字资源建设或数据库建设的乱象。为什么这样说?多数基层图书馆在经费使用总量上与高校图书馆、省市级公共图书馆不可同日而语,这是一个不争的事实。数字资源建设或数据库的购置费往往价格不菲,而且不少数据库如学术期刊数据库每年还需支付不低的经费用于更新。两相比较起来,数字资源建设与普通纸质文献建设当然无法放在同一个层面上考量。经过对晋江图书馆数据库与其他同类基层图书馆数据库的使用情况进行调查,我们产生上述困惑,或者说是不解,基层图书馆花重金建设数据库究竟为哪般?如何让花于数字资源建设或数据库建设的每一分钱用在刀刃上,真正发挥服务好读者信息资源需求的作用?

第一,是否建设数据库应以实际情况为依据。建库前应该对当地的读者开展广泛调查,调查分两个层面,第一层面是面对读者开展,从文化素养、专业背景、年龄层次、学术研究需求等方面展开调查,以供数据库建设决策做参考。第二个层面是调研当地的经济社会发展情况,如历史背景、人文特色、发展前景、支柱产业、城市发展定位等方面开展调研,拟出调研报告以备决策之用。综合上述两个层面的调查结果,进行分析研究,考量数据库的需求量、地方财政的承受力、实施的难易度,最后做出建或不建数据库的结论。

第二,确立建设主题。数据库的建设不应是"无主题变奏曲",任何基层图书馆的数据库建设或数字资源建设均应确立数字资源发展的总体目标,然后在该总体目标框架下设立主题,这样做有助于明确今后的建设方向,不至于好大喜功,避免不必要的资金与资源的浪费,真正建设出受读者热捧的数据库或数字资源。更重要的是,只有确定了建设主题,才能选择数据库类型。晋江市图书馆就是以"保存文脉、服务民生"为建设定位,实施数字资源体系建设。

第三,确定建设方式。自建、购置或者共享,选择何种建设方式是基层图书馆数据库建设的关键所在。有人认为,只要经费充足,就可直接购买,何必费心劳力自建?我们认为,无论经费多寡,数据库的建设理应考虑如何有效地使用,要杜绝资源的铺张浪费;另一方面,某些数据库即便经费充足也买不来,如地方特色数据库。况且,基层图书馆通过组织人力资源自建特色数据库,重新普查与梳理本地区的特色文献资源,既能进一步丰富馆藏资源,还能借此培养专业研究人才,可谓一举多得。

第四,选择资源类型。哪些资源需要外购,哪些资源需要自建,哪些资源可以免费共享,权衡利弊当然不能任性,更不能任由馆领导瞎指挥,既要考虑经费预算,也要具有长远的发展眼光,更需考虑读者对数据库的使用率与关注度。理性地选择资源建设类型,以最少的经费与精力,购置或自建最为实用的数字资源或数据库,最大限度地满足读者的需求。

第五，制定建设计划。在拟定计划之初，可以对计划外购的数据库，向读者免费开放试用半年至一年，试用期满再据使用率决定买或不买；其次，建设计划应有短、中、长期之分，既要有短期计划，如软件通、新东方等学习型数据库；而像超星、CNKI等资源型数据库，可列入中长期计划采取分包购买；再次，全库或分包购买也要区别对待，有的数据库提供商允许分包购买，基层图书馆应从读者需求角度结合本馆经费实际定夺，切忌贪图便宜购入"搭车"类的数字资源。最后，建设计划并非一成不变，应有弹性距离，计划要随着读者的需求变化而变化，如凡需逐年付费更新的数据库更应慎重视之。

现代信息科技发展如此迅猛，今天的前沿技术或先进信息，也许很快就成明日之黄花。基层图书馆的数字资源与数据库的建设既要因地制宜、因馆而异，也要遵循大数据时代的发展趋势；既要量力而行，也要有前瞻眼光，避免建设落后的或者马上被淘汰的数据库，徒费了精力与经费，又对图书馆与读者毫无益处。毋庸讳言，在基层图书馆界，"你有我也要有"的"跟风式"的数字资源建设思维并不鲜见，由此造成同一地区的基层图书馆，甚至同一城市不同类型图书馆之间，重复建设数字资源或购置数据库，资源的大量浪费让人痛心。那么，如何解决呢？可以尝试由省级文化主管部门或者省级图书馆牵头，统筹整合全省各类图书馆的数据库建设计划，建立全省统一的数据库建设与采购平台，形成面对数据库提供商强大的议价能力。对于各图书馆共性的数据库，采取统一购买，使用者分摊购置经费与逐年更新费用的方式；而对各图书馆的特色数据库，则由各馆牵头自行购置建设，建设完成后交与全省数字资源统一平台共享。今后的数字资源或数据库的建设，若能采取上述做法，不但能够以最节约的资金，最大限度地提高数字资源的利用率，而且可以实现全省各图书馆之间的数字资源建设特色凸显、资源互补、共建共享。

第八章　基层图书馆人才培养管理模式
——自我价值与普世情怀

探索图书馆人才培养模式不仅是 21 世纪我国基层图书馆提升读者服务质量的关键所在,也是我国基层图书馆储备高层次人才、应对发展新挑战的必要举措。本章试以晋江市为例,对基层图书馆所面临的专业技术人才短缺问题进行思考与剖析,侧重阐述人才培养模式的可行性实践,以期对基层图书馆的人才培养有实践意义上的参考价值。

第一节　基层图书馆专业技术人才概况

当前我国基层图书馆事业正处在高速发展期,无论是馆藏文献资源,还是高新信息技术的应用,以及读者服务理念,均处于一个不断完善的提升期。但一个不容回避的事实是,多数基层图书馆专业技术人才短缺,人才培养相对滞后。不少基层图书馆为了维持正常开馆,使出浑身解数,采取各种各样的渠道招录,诸如通过事业单位招考、从外单位调人、聘用临时人员等。这其中有很大一部分通过各种错综复杂的关系照顾入馆,特别是 20 世纪 80 年代中后期,招进来的人员学历普遍不高、能力偏低,与岗位要求相去甚远,读者服务水平不尽人意。以 2008 年前的晋江图书馆为例,全馆共有工作人员 28 名,其中第一学历本科的有 9 人,占总人数 32%;大专 3 人,占总人数 15%;中专 5 人、高中(含)以下 11 人,占总人数 53%,学历层次相对较低。近几年来,虽通过各种形式的学习提升学历层次,但多以党校函授为主,且所修专业又多为行政管理、法律等,缺乏系统的图书馆专业知识,难以适应信息时代图书馆工作的需要。另外,年龄结构上,以中老年居多。整体上看,队伍在年轻化、知识化、专业化建设上乏力。可以说,目前全国基层图书馆绝大多数存在上述类似情况。因此,实施人才培养战略成为解决当前基层图书馆专业技术人才短缺的关键。

公共图书馆专业技术人才的来源不外乎两种,一是从馆外引进,二靠馆内自行培养。馆内开发与培养人才因其成本低、融入快、针对性强、忠诚度高,将逐渐成为基层图书馆实施人才战略的核心。如何整合各种资源,高效节俭地开展人才培养,这是广大公共图书馆,尤其是人员编制不足、人员结构不合理的基层图书馆值得深入探究的话题。

第二节　基层图书馆人才培养的现实意义

一、人才培养的现状与目的

人才培养通常以各种形式的培训来实现其目的。首先应该明确培训既不是包治百病的灵丹妙药,也不可能起到立竿见影的效果,因此不可急功近利。有的基层图书馆在培训前期踌躇满志,当收效甚微时,又选择了忍痛割爱;有的馆将培训视为日常例行性工作,可谓之"被动式"培训;有的馆甚至觉得培训不但费时,而且浪费人力、物力、财力,于是培训成了"赔训"。如窗口服务部门开展培训,往往与工作时间冲突,正常开馆时间,需要工作人员坚守岗位,而培训则要让其暂时离岗,"坚守"与"暂离"成为两难之择。大多数基层图书馆在疲于应付后,最终选择了"坚守",于是培训就成了一件"说起来重要,做起来次要,忙起来不要"的事情。

二、人才培养的重要性

人才培养可以看作一种长期投资行为,通过潜移默化的培养过程,增强工作人员对图书馆工作的认知度与认同感,架设起人才与图书馆之间沟通的桥梁,增强工作人员的凝聚力及团队精神。美国著名人力资源管理大师舒尔茨通过运用自己创造的"经济增长余数分析法",测算了美国 1929—1957 年国民经济增长额中,约有 33% 是由教育和培训形成的人力资源做出的贡献。经济分析如是,基层图书馆人才培养的道理亦然。因此,作为图书馆不应奢望从短期的突击培训中获得丰厚回报,而应一如既往地支持工作人员参与各种层次的培训,关注每一次培训的效果评估,将对工作人员的培养视为图书馆服务水平提升的一种持续投入,使基层图书馆事业获得长期综合的社会效益。

第三节　基层图书馆人才培养管理模式研究

随着信息知识经济时代的到来,可供基层图书馆选择的人才培养方式也越来越多。如果基层图书馆能建立起符合自身需求的人才培养管理模式,由内及外,就能收到意想不到的效果。

一、组建讲师团

讲师团的组建一般有两种来源,一种是直接从馆内选拔一批业务精湛的人员担任兼职讲师,组成人才培养梯队,不定期选派这些讲师出外学习与培训,然后将所学的知识"转授"给工作人员,打造图书馆名师效应。另一种是与外单位或机构签订培训资源共享协议,从高校图书馆、知名院校或其他公共图书馆中聘请一批富有创新精神的专家学者来馆做顾问,并直接参与图书馆人才培养模式设计,实现互惠共赢。后一种方式不但可以减少派出培养的成本,还能针对馆内出现的一些特殊问题设置课程。授课人员在培训前必须对图书馆工作人员的需求进行分析、调研,有针对性地拟定培训提纲与教材。在图书馆内部进行培训,熟悉的学习环境有助于受训的工作人员进入最佳的学习状态,达到内外互动、相互提升的效果;另外,外聘讲师带来的培训因其互动性强、专业化程度高、技能提升快,可以给图书馆带来解决问题的新思维、新方法,将越来越受到图书馆工作人员的欢迎。

二、成立馆内导师制

聘请馆内具有高级职称、富有经验的专家,或在计算机、采访编目、活动策划、流通服务等专业领域有较深造诣的专业人员担任导师,采取"一对一"或"一对二"的方式授课。导师制与讲师团最大的区别在于,导师的日常辅导是最重要的培训形式。导师要担当起日常辅导的责任,对辅导对象业务工作中出现的问题,在现场予以纠正,因为时间拖得越长,纠正效果将越差。要把导师制的培养方式与图书馆的职级晋升、职称评聘、年度考核等激励机制结合起来,建立人力资源培养计划,真正做到"教好了徒弟,提拔了师傅",让这一培训方式发挥更大的效用。

三、利用信息技术培训

随着信息技术的日新月异,信息资源越来越丰富,为人才培养提供了海量的知识支撑。不少基层图书馆充分利用现代信息技术,多角度多层次地开展培训。如有的馆利用内部局域网对工作人员进行培训,负责培训的部门选取一些经典的培训课程或案例,以共享或发送的形式给相关人员观看与学习;有的通过购买培训名家的教学光碟,组织工作人员集中观看,现场安排一名辅导员进行分析、讲解,帮助馆员消化知识,获得提升;有的通过接收一些专家学者的远程培训课程,或充分利用全国文化信息资源共享工程开展培训;有的以低于现场培训十倍、甚至数十倍的价格,购买终端用户使用权限,让图书馆工作人员享受到学习乐趣。

四、提倡在工作中学习

在工作中学习是很多人取得事业成功的必由之路。为工作而学习,这是现今大多数图书馆工作人员提倡的一种学习方法。在工作中遇到了问题,既可以马上请别人解疑释惑,也可直接从图书馆海量的文献信息资源中寻求答案。经过自己一番努力的求索,问题迎刃而解后就变成了自身的经验积累与知识储备。另一方面,通过有意识地让工作人员承担一些具有挑战性的工作,可以锻炼承受某种工作的特定能力,培养果敢的创新精神。如实行轮岗制度,每季度全馆窗口部门工作人员进行互换,这样既有利于人才的历练,又有利于培养复合型的人才。

五、创建学习型单位

要提高人才培养的成效,事先必须对全馆工作人员的需求、兴趣与爱好进行调研,汇总归类,从而组建一些针对性强的学习型团队,鼓励工作人员报名参加,打造学习型的单位。如晋江图书馆提出打造"书香型干部"的目标,在馆内设立培训基地,举办"英语角""日语培训班",引入晋江市文艺评论协会、晋江市青年文学协会、晋江市青年文化活动基地等学习型组织,图书馆工作人员可以根据个人喜好选择加入,从中得到的磨炼机会与培养效果明显优于传统的课堂教学。事实证明,这种学习型单位的创建既有利于提高了工作人员的素质,又增强了团队的凝聚力。

六、选派人员出外学习

基层图书馆工作人员因其服务对象的多样化、服务需求的多元化,往往陷于繁杂而琐碎的服务上,而难以获得继续接受高等教育的机会,接触与研究图书馆专业前沿理论知识的机会则更少。基于此,有计划、分批次地派员到高校图书馆学习,无疑是基层图书馆培养高素质人才的重要方式。另外,随着图书馆2.0时代的到来,现代图书馆的人才结构发生了质的变化,复合型人才成为人才需求的主要群体,这就要求我们的人才培养不能囿于图书馆学的学科知识,不能局限于馆际之间的学术交流与互动,应该充分考虑与之相适应的人才培养计划。以晋江图书馆为例,近年来,晋江市政府设立了市民大讲堂,不定期邀请一批在国内外享有盛誉的专家学者来晋江设坛讲学,这其中既有央视"百家讲坛"的主讲嘉宾,也有港台知名学者,讲学内容旁征博引,涉及国学、经济、新闻、政治等范畴,晋江图书馆每期都专门选派了既有需求又是培养目标的工作人员参加,同时还派员到党政部门跟班学习管理、策划、信息采写报道等知识,派员到同类型的公共图书馆参加中短期的集训。通过开展多层次的外派学习与培训,为复合型人才的培养创造适宜生长的土壤。

第四节　创新人才培训管理方式

如何考核培训效果? 如何对培训工作进行管理? 培训的后续工作又要如何开展? 这些问题都属于培训管理的范畴。基层图书馆人才培养是一个长久而复杂的战略计划,因此,在人才培养管理上的创新,决定了基层图书馆人才战略实施的可持续性发展。

一、制定合理的培养计划

"工欲善其事,必先利其器",人才培养战略的实施必须要有完善的计划予以保证。在管理学上,计划实现的关键与培养对象的需求度息息相关。因此,培养计划应以工作人员的需求为导向,合理地统筹安排。培训需求包括两个方面:一是年度整体培训需求;二是临时性培训需求。前者是刚性需求,既定的,没有变通的余地;后者是柔性需求,可以根据实际适时调整。图书馆可以通过以下方式识别工作人员的培训需求,从而进行针对性的培养:一是通过部门主任的反馈,确定工作人员的培训需求;二是采用问卷调查或观察法搜集工作人员的培训需求;三是通过竞赛、测验或考试,找出工作人员的知识弱项,纳入培训需求;四是通过绩效考核,找出工作中的薄弱环节纳入培训需求;五是通过个案分析(如读者投诉、活动策划等),找出管理漏洞,纳入培训需求;六是通过工作分析,建立各岗位的能力素质模型,识别岗位能力素质要求,有针对性地确定培训需求。

良好的计划必须要靠强有力的执行来实现。持续地检查与考核是提升培训执行力的关键。因此,需要配置专职的培训管理人员,每一次培训都有专人组织与主持,每一次培训都有学员反馈与考核,每一次培训都有记录与存档,每一次培训都有总结与通报。有了这些硬性管理措施的保障,才能保证人才培养计划的高效实施。

二、实施有效的激励机制

"绩效本身就是激励",著名的管理大师彼得·德鲁克如是说。培训的实施需要一个与之相适应的激励机制。首先应该明确,培训本身就是一种激励。培训是图书馆对工作人员个人的一种开发,是图书馆对工作人员的重视和尊重。帮助工作人员达成其工作目标,让其看到自身的价值和成长,这本身就是对工作人员最好的激励。其次,培训工作本身也需要有效的激励予以推动,激励是培训的催化剂。培训工作的三个主体——培训师、学员和组织者都不可或缺地需要激励。要设立专项资金进行绩效奖励,给培训师精神和物质的双重激励,培训师不仅希望获得丰厚的授课报酬,而且希望打造出培训品牌。图书馆在评选优秀工作人员或年度考核时应对培训师予以倾斜,或每年组织一次"品牌培训课程""最佳培训师"等评选活动,让优秀的培训师获得崇高的荣誉。而对于品学兼优、成绩突出的工作人员,不但应从物质上给予奖励,还应运用馆内外各种文化传播平台予以大力宣传。对于通过培训或继续教育获得更高学历或更高职称的工作人员,应为其创造晋级或评聘的机会。

三、倡导实现自我价值

图书馆对工作人员采取物质或精神上的鼓励,目的是为了使其严格要求自己,竭尽所能提升自我素质、服务好读者。但如果过于依赖激励的话,一旦激励机制难以为继,图书馆服务必将大打折扣。如果不热爱自己所从事的工作,采取任何激励措施都是徒劳,何况图书馆工作本身待遇相对低下,职称与职务晋升空间狭窄,可资利用的激励资源并不多。因此,提倡全体工作人员实现自我价值就显得至关重要。首先可以通过举办"金点子策划"或各种竞赛,在全馆兴起"治庸治懒"的风气,打破"得过且过"的思想,引导全体工作人员进行创造性的实践和探索,培养其创新思维与果敢精神,使其工作更富有成效,并从中获得成就感;其次以评选"图书馆服务之星"或"读者最喜爱的图书馆员"为契机,激发馆员的进取心与荣誉感,引导其树立正确的价值观,培养其履行社会责任的信心,实现自我价值的升华;再次,通过各种讲座、例会、宣传、专题报告会等形式,让工作人员明白图书馆工作既是一种职业,也是一种人生追求,更是一项伟大的事业。只有将图书馆工作当作事业来奋斗,才能用心对待每一个读者;只有具有献身图书馆事业的普世情怀,才会有乐观进取的人生态度与实现自我价值的人生抱负。

　　培养人才、传播文化,实现知识共享,既是公共图书馆的价值追求,也是构建和谐社会的有效途径。在知识经济时代,基层图书馆只有重视人才的培养,不断创新培养的理念、方式和管理,才能提升基层图书馆在 21 世纪的核心竞争力,应对未来发展的新挑战。

第九章　基层图书馆馆藏建设与采访策略
——资源闲置与量力而行

在开始本章的话题之前,先来回顾一下曾经在 20 世纪图书馆界纷争不断的关于"公共图书馆的存在目的",在众说纷纭的各种论断中,既包括图书馆的教育目标,也包括图书馆的公民目标,甚至还有娱乐目标。那么,如今重提公共图书馆的存在目的,是否已经过时?

我们认为,公共图书馆无论是被视为一座"敞开的大门",人们"通过它,吸取全人类的所积累的智慧",还是为"民主社会的公民提供资料,使他们成为见多识广而有智慧的公民",抑或是仅仅作为提供一般性娱乐读物的场所,只要公共图书馆存在一日,就必须向公众无偿提供"信息与知识",这是公共图书馆存在的基本目的,也是最为重要的功能,而且这一功能将伴随着公共图书馆的发展而发展①。更进一步地说,公共图书馆要实现上述目的,文献的采访策略与馆藏建设是一个至关重要的环节。

因此,今天重提公共图书馆存在目的之话题,主要基于该目的与图书馆的馆藏建设乃至采书策略密切相关。因为目标不同,图书馆的馆藏结构与建设策略亦必将随之迥异。如研究型图书馆的文献采访策略会将"重点放在为学者建设馆藏",而对于多数基层图书馆而言,往往将采访策略明确定位在为今天的读者收集典藏现当代的文献信息资料。那么,基层图书馆要如何做出适合自身采访策略,又要如何着手进行馆藏建设?人们常说,条条大道通罗马,答案应该不止一种。我们认为,基层图书馆的馆藏建设与采访策略至少应该遵守下列依

----

① 阿瑟·柯利,多萝西·布罗德里克.图书馆藏书建设[M].北京:书目文献出版社(今国家图书馆出版社),1991(1):2-4.

据:一是基层图书馆的服务性质和工作任务;二是读者的类型与文献需求。也就是说,"图书馆藏书是以图书馆的类型、方针、任务和读者对象的情报要求为依据,经过精心选择、加工与组织,并为读者利用的各种文献资料",基层图书馆的馆藏建设应该从馆情实际出发,以服务读者文献需求为第一要义,采取灵活多样的采访策略,务实而细致地开展文献采访工作,避免做出无谓又不切实际的馆藏建设。

第一节　建立基本藏书目录库

基层图书馆馆藏建设的首要任务就是建立一个基本藏书目录库。所谓基本藏书目录库,其实就是基本书库目录、总书库目录,有的公共图书馆称之为保障本目录库。基本藏书目录库是公共图书馆馆藏中的一级藏书,也是公共图书馆的主要书库和藏书的中心。有的公共图书馆的基本藏书目录涉及的藏书数量大、门类广,财力雄厚的公共图书馆甚至可以做到凡是入藏开架的图书,保障本目录库里至少保存 1 本,如深圳市图书馆。

基本藏书目录库里保存的图书主要包括推荐性的常用书目与部分供研究用的参考书目,也包含一部分不常用的资料性书目。目前,我国不少基层图书馆并不具备雄厚的财力完成每年基本的文献采访与文献更新,有保障本目录书库的则更少。但是,无论经费多寡,基层图书馆均有必要建立基本藏书目录库,尤其是对经费不足的基层图书馆,经费愈是欠缺,愈应建立基本藏书目录,保障图书馆基本藏书量,满足基层群众最基本的阅读需求。

全国少年儿童图书馆指导性的基本藏书目录库已经出台近 3 年,与之相比,多数基层图书馆仍没有建立自己的基本藏书目录,文献采访视经费多寡而定,既没有弹性的年度采访计划,也不建立常规采访目录,更谈不上系统性的馆藏文献体系建设。杂乱无序的文献采访与入藏工作,导致基本藏书目录残缺不全,根本无法满足读者基本的文献借阅需求。近年来,晋江图书馆的做法是按文献种类分类、分级的方式进行编目,建立一个总册数为 5000 册的基本藏书目录,每年适当予以更新调整充实一次。晋江图书馆建立基本藏书目录库的依据有三:一是馆藏评价,二是读者需求,三是馆藏发展空间。建立基本藏书目录库的主要目的在于,为读者提供图书馆核心馆藏提示,指导各图书馆分馆及镇街等下一级图书阅览室的藏书建设工作,提升馆藏文献资源质量,以有限的购书经费有效配置图书,最大限度提高各图书馆分馆、图书阅览室的服务效率与服务效果,满足读者的借阅需求。

第二节　采访策略与馆藏建设

在基层图书馆的各种交流场合中,常听见有关购书经费额度的相互问询。询问的结果是,设有专项购书经费的基层图书馆往往引人瞩目,尤其是每年拥有大笔专项购书经费的更令人艳羡。遗憾的是,很少有人思考,如何合理有效地使用与管理购书经费? 购书经费的额度与年度采访计划之间的关系? 采访策略与馆藏结构之间的关联度有多少?

所谓采访策略,主要针对图书馆采访部门仅凭书目数据下单的传统采访方式而言。有人认为,采访是采访,入藏是入藏,中间不过是以一个编目加工维系而已。但实际上,在图书的入藏过程中,采访与编目并非两个不相干的环节。采访与入藏的关系,就像一件大衣的表与里,合而为一、互为整体;或者可以更形象点说,文献采访是农民播种的过程,而文献的入藏就像收获果实。基层图书馆的文献采访与入藏,不可分割、唇齿相依。基于此,文献采访策略应当成为基层图书馆馆藏建设工作中的重要组成部分。

我们认为,基层图书馆拟定采访策略至少应该综合考虑以下 3 方面的因素:

一是可资利用的馆藏物理空间。基层图书馆若能拥有专项的购书经费而且年年有保障,当然是一件好事。但若单纯追求经费的多寡而忽视馆舍书库与借阅室的容量,即实际馆藏空间,以及未来的馆藏发展空间,必将导致馆藏分布的无序以及文献资源的浪费,同时也不利于读者的文献借阅。更进一步说,采访策略的制定若没有考虑馆藏空间,将会给后续的文献入藏带来不必要的麻烦,有时候甚至是灾难性的麻烦。这方面的例子并不鲜见,如采购了大批时效性不高的文献或者流通借阅率过低的图书,既占用了大量的馆藏空间,又造成公共财政的浪费。

二是读者的实际需求。基层图书馆制定采访策略应从读者的实际需求出发,因为读者对文献的个性化需求必然影响图书馆的馆藏质量。基层图书馆的购书经费多数花在普通文献的采购上,因为特殊文献、珍贵文献本就可遇不可求,在整体购书经费的分配上仅占很小的一部分。如何在普通文献的采访上满足多数读者的普遍需求,又能兼顾少数读者的个性化需求呢? 这就要求基层图书馆采访编目部门在制定采访策略前,必须要深入调查研究读者的实际需求,而后再拟定采访计划。唯其如此,才能解决读者的共性与个性需要的两难之境,最大限度地避免入藏大量少有人问津的文献。

三是适宜的馆藏评价。目前,多数基层图书馆主要依据购书经费多寡来开展文献采访工作,显然,这种类似“看米下锅”的文献采访方式非常不靠谱。基层图书馆每年的文献采访工作必须以年度馆藏计划为方向标,制定目的性明确的采访计划,而采访计划的制定应以适宜的馆藏评价为依据。馆藏评价是图书馆对文献采访与入藏、馆藏满足读者需求度及馆藏空间等方面进行调查研究并做出评价的过程。这里所说的馆藏评价,指的是对馆藏某一阶段或某方面的评价,如馆藏物理空间方面,而非全面系统的评价。基层图书馆整体的馆藏评价既要考虑馆藏分布的均衡性,又要突出该馆的馆藏特色;既要考虑当前的工作任务,也要从长远着想;既要考虑文献的实用功能,也要考虑与文献相关联的专业性,在此基础上,建立一个灵活而多元的馆藏评价体系。我们认为,馆藏评价是基层图书馆制定采访策略过程中不可或缺的一部分,理应提前进入文献采访环节,唯其如此,文献采访才有利于图书馆的馆藏发展。

在当前基层图书馆购书经费不甚充足,文献年度更新费用普遍难以保证的背景下,基层图书馆更应将采访策略与馆藏建设综合起来考虑,任何孤立地看待两者之间关系的采访行为,必将导致文献资源的浪费,馆藏空间被无谓挤占,以及人力资源被束缚,进而影响图书馆馆藏评价。说到底既制约了基层图书馆对馆藏文献的有效管理,很大程度上也影响了读者对文献资源的使用。

第三节　基层图书馆的采访策略

基层图书馆的文献采访工作,以"策略"之说展开叙述,主要是相对于文献的无序与无计划采集而言。在这里,我们将要讨论的采访策略包括资金申请、采访策略实施及步骤等。

一、资金申请

图书馆的文献采访工作首先要解决的是资金申请,尤其是对经费不甚充足的基层图书馆。只有申请到具体的资金额度,才能综合考虑馆藏空间与读者需求,进而展开相应的馆藏评价,最终拟定文献采访计划。那么如何进行资金申请呢? 我们知道,我国基层图书馆均为财政全额拨款事业单位,图书馆事业发展的各项经费包括文献采购经费均依赖地方财政拨给,因此地方政府是否同意图书馆提出的文献采访计划和馆藏建设规模是资金申请的关键所在。基于此,基层图书馆在制定文献采访计划前,前期调研、事前沟通与事后反馈的程序必不可少。具体而言,基层图书馆在向当地财政部门呈交资金申请报告前需要做好以下功课:第一步,图书馆应该对服务区域内的读者群开展以文献服务需求为主题的调查,汇总分析相关数据,该调查包括被调查对象的年龄结构、文化程度、阅读习惯、文献需求等方面;第二步,适时展开针对性的馆藏评价，提出切实可行的馆藏建设计划，因为馆藏评价是馆藏建设的基本内容之一。该计划不能单纯以图书馆的工作目标与任务作为唯一依据，而应结合当地的市情民意，综合考虑人文特点、经济发展状况等社会因素。唯其如此，馆藏建设计划才能得到当地财政部门的认同与支持。最后一步，汇总相关调查数据、概况说明、馆藏评价作为附件，连同文献采访与馆藏建设资金申请报告一并递交当地财政部门。这里，需要着重说明，建议先提出一份完整的图书馆文献采访使用资金总额的计划，该计划由若干子项目资金包组成。当地财政部门可据上述计划分阶段、按完成进度拨付款项。即图书馆以一个年度为单位时间进行申请，而后依据计划完成情况申请下一阶段资金。当然，申请资金拨付的方式视地方财政的实力灵活提出，因馆而异、因地制宜，不必拘泥上述说法。

二、采访策略实施及步骤

在互联网高速发展的背景下，基层图书馆的采书策略若一味因循旧规，囿于有限的图书品种及线下采购渠道，必将产生文献采访的工作量大、效率低下且难以及时满足读者的文献服务需求等情况。因此，基层图书馆应该创新思维，顺势而上，突破固有的采访渠道与方式，实现线上与线下、现场采访与书目圈选（指传统意义上图书馆采访人员按馆配商提供的自建图书目录进行圈选）、图书馆采访人员采书与读者自行荐书相结合的多元化采书策略。那么，具体如何实施？

第一步是设立采访策略部门。在图书馆内部设立一个专门负责实施文献采访工作的业务部门。许多基层图书馆一般采取设立采编中心（采访编目中心），作为统筹全馆采访编目工作的中枢部门，负责图书馆每年的采访编目入藏工作。以晋江图书馆为例，对采编中心采取项目负责制与任务包干制的双轨制模式进行管理。所谓项目负责制，就是在上一年的年底拟定项目，如"台湾文献资料室首期文献入藏项目"，要求采编中心在第二个年度完成该项目，完成时限为一年，采编中心主任为该项目具体负责人，与图书馆签订项目任务责任书，下一年度年终考评将以项目的完成情况作为重要考评依据。任务包干制主要针对每年专项文献购置经费而设,如晋江图书馆采编中心必须完成全馆每年400万实洋的普通文献入藏任务,该任务由采编中心全体人员承担,具体任务指标由采编中心主任细化分配至采编中心每一个工作人员手中,按时保质完成。晋江图书馆的项目负责制主要针对特色文献馆藏建设,而任务包干制则针对常规采访编目任务,两项采访编目入藏任务均交由图书馆采编中心统一组织实施。

第二步是明确采访招标程序。本步骤主要针对购书量较大,无法单独进行零星采购,按《政府采购法》规定必须实行招标采购流程的基层图书馆而言。在实施招标流程过程中,标书制作是关键,除了应该遵守国家的法律法规与行业标准如商业分数、技术参数等外,尤其要注意体现图书馆的采访策略。以晋江图书馆为例,基于节约招投标成本及培育稳定的文献供需合作关系,采访计划原则上定为两年一招标,这就需要对当年度的中标馆配商提出相应的约束条款,中标馆配商若能不违约,下一年度则顺延与之合作;反之,中标馆配商若无法遵守约定的条款,则合同只完成一年即告结束。再如,文献的物理加工流程以及加工过程中产生的耗材成本也应在标书中一一明确该由谁来承担,有时还直接规定文献的物理加工由中标馆配商承担,数据编目与上架由图书馆负责等约定。标书拟定后,只能说是成功了一半,接下来图书馆需要将标书交由政府采购部门组织实施。

第三步是实施立体的采访方式。主要有以下三种:一是通过书目搜索实现采访。多数基层图书馆一般采取由书商或出版社提供上一年度或当月的图书目录,交由采编部门的采访人员进行圈选采访。该方式让图书馆采访人员不必四处奔走,安坐于图书馆即可获取国内外正式出版物的相关信息,并据此下单,完成采访任务。但这样做的局限性也非常明显,该采访书目由中标馆配商自建,难免存在出版社与馆配商在图书资源占有量方面的极限,一定程度约束了采访的有效范围。不过,最近有一个面对图书馆馆配的服务平台——书虫网,刚刚上线,该平台以图书书目数据为核心,通过技术驱动,结合出版社、馆配商和图书馆各方需求,实现出版社、图书馆、馆配商之间的无缝衔接,既避免采书的盲目性,又极大提高了配书效率。

二是组织采访人员现采。近年来,不少基层图书馆组织采访人员参与全国大型图书市场馆配图书的现采。以晋江图书馆为例,每年均派采访编目人员出外现采。图书现采能让采访人员拥有更多的自主权,能够更加详细地了解到附着于图书之上的信息、特征,除图书的装帧版式设计、纸质外,还有图书的篇幅、章节、主要内容、陈述语气等,均可在现采现场获取,而这些是馆配商与出版社提供的书目信息上所缺少的。在现采地点的选择上,我们采取固定场所与异地不固定地点相结合的形式。所谓固定场所,即在图书馆内设立一个叫"采书乐坊"的编外部室(具体介绍见本书第二章),该部室上架的所有图书均由馆配商提供,而且是最新图书,读者可以借阅任意一册图书,图书一经读者借出,图书馆查重后即按当年度采访计划向馆配商下单。异地现采,则由馆配商按中标合同所约定的条款提供现采地点,每年定期邀请图书馆 8—12 人次的采访人员参与异地书市或大型书店的现采。另外,晋江图书馆还专门针对少年儿童读物启动异地现采活动,采访人员由 10 名经过短期文献采访培训的少年儿童组成(该活动介绍见本书第二十章),每年 1 次,参与人员从晋江图书馆每年一度的少年儿童"一生阅读计划"的 100 名小读者中产生,该现采方式一定程度上保证了图书馆入藏的少年儿童读物为该年龄段的少年儿童所喜爱。

三是设立多层次的荐书制度。主动贴近读者多元化的阅读需求,面向读者开展简易便捷的读书荐书服务,将通过该服务获取的图书信息作为图书馆文献采访与馆藏建设的一项重要依据。这样做既让专项购书经费用到实处,又提高了图书的知晓率与利用率。从 2009 年起,晋江图书馆启动了读者常年荐书制度,采取线上与线下相结合的形式丰富读者荐书制度,每一名来馆读者,无论是图书馆持证读者或者无证读者,均享受向图书馆荐书的权利。所谓线上与线下,即可在馆内现场填写荐书单或者写荐书留言条,也可以在图书馆网站、公众微信平台、短信上进行实时荐书。通常情况下,读者所荐的图书一经图书馆查重与甄别后,若经确认尚未采访入藏,采编中心即给予下单。同时,为了激发读者的荐书热情,图书馆每年还汇总梳理读者所荐的书目,从中选取若干名积极参与荐书的读者予以奖励①。

第四节　采访策略对馆藏评价的意义

传统的公共图书馆较为看重文献的馆藏,因其馆藏评价较为单一,主要着眼于文献的入藏量及珍本、善本的多寡。现代公共图书馆则侧重文献的服务功能,读者的文献需求就自然成为馆藏评价的重要依据。

基层图书馆通过开展馆藏评价,既是对文献进行一次包括清点、剔除与保管等方面的改进工作,又是一次发现与弥补馆藏不足与缺陷的良机。图书馆据馆藏评价判断本馆馆藏的特色、任务、工作目标,为采访策略的制定、馆藏建设计划、文献经费预算以及购书经费分配等方面提供依据。

虽然影响基层图书馆馆藏评价水平的因素良多,但是采访策略的执行情况是图书馆提升馆藏评价水平、优化馆藏结构最关键的一步,也是基础步骤。换句话说,基层图书馆的文献采访若毫不讲究方法,乱采一气,其馆藏结构肯定不值一提,馆藏评价更无从做起。一项良好的采访策略,一定程度上会促进馆藏结构趋向合理,这不仅仅体现在基本馆藏目录的建设上,更体现到馆藏评价体系的优劣上。这方面的例子并不鲜见,有的基层图书馆的文献采访量很大,文献入藏速度也快,几乎可以说,只要新书一上市,即马上购置至少1册作为保障本入库。我们在慨叹其财力之雄厚的同时,不禁要发问,以如此大气魄采访购置文献,究竟得建设多大的馆舍才能容纳每年巨大的图书出版

---

①　陈钰娴.书虫网,让天下没有难做的馆配商[N].出版商务周报,2015 - 03 - 01(16).

量呢？这里，可能有人会质疑，一方面要求图书馆采书要量力而行，另一方面又要符合馆藏建设实际与适宜的馆藏评价，二者之间的取舍该如何权衡？应该说，我们所谈的采访策略，主要基于有节制的文献采访行为提出，这种节制体现的是图书馆的计划意识与务实作风，更进一步说，体现的是图书馆对读者、对社会的高度负责。事实上，采访策略无关乎购书经费的多寡，以及经费是否列为专项开支。对文献资源的采购采取有计划的节制行为，就是要发挥文献资源最大的社会效益。只有运用灵活合理的采访策略，才能让馆藏结构更加完善，也才能有效地提升馆藏评价水平。因此，建设一座馆藏评价合适、馆藏结构合理、馆藏资源丰富的基层图书馆，文献最初的入口关——采访关的重要性不言而喻，几可以说，馆藏评价之高低始于最初的采访策略的制定。

第十章　智慧城市与基层图书馆智能化建设
——各自为政与共建共享

第一节　智慧城市概念

近年来,城市化进程的快速发展,带来了安全、人口管理、交通拥堵、环境污染、公共文化水平不平衡等诸多问题,这些都需要城市的管理者积极应对并统筹解决。城市发展过程中所遇到的上述困境,迫切需要寻找一种行之有效的办法予以破解。"智慧城市"的概念就是在这样的背景下应运而生。于是乎,仿佛一夜之间,全国各地智慧城市的建设方兴未艾,智慧城市似乎已成为地方当政者突破城市困境的绝佳方式。

为什么要建设智慧城市? 通常意义上理解,智慧城市就是城市的信息化,就是"数字城市"的简单升级,其实并不仅仅止于此。智慧城市是通过构建以政府、企业、市民为三大主体的交互、共享信息平台,为城市治理与运营提供更简捷、高效、灵活的决策支持与行动工具,达到可感可视的安全、触手可及的便捷、实时协同的高效、和谐健康绿色的目标。

在智慧城市的蜕变过程中,基层图书馆作为公共文化重要的服务阵地,当然难以独善其身,必将被裹挟其间,并顺应这一发展潮流。那么,基层图书馆要如何融入智慧城市的建设? 回答这个问题前,需要理清三个关键:

第一,什么是智慧城市。智慧城市即利用先进的信息技术,实现城市智慧式管理和运行,为居民创造更美好的生活,促进城市的和谐与可持续成长。简而言之,智慧城市是在现有城市信息化的基础上,实现城市的管理更安全、更高效、随时响应和智能化。从技术层面理解,智慧城市的基本架构是以互联网、物联网、电信网、广电网、无线宽带网等网络组合为基础,以智慧技术高度集成、智慧产业高度发展、智慧服务高效便民为主要特征的城市发展新模式。上述概念里所提及的"高效、智能与便民"恰恰与公共图书馆的服务精神相契合,表达的是现代公共图书馆在公共文化服务创新征途上所追求的目标。因此,从概念上理解,智慧城市建设与公共图书馆事业发展不但不相悖,反而有不少共通、共建、共享之处。

第二,智慧城市的建设目标是什么。随着现代科学技术与互联网的高速发展,智慧城市无疑是新一轮信息技术变革和知识经济进一步发展的产物,也是工业化、城市化与信息化深度融合,并向更高阶段迈进的表现。从发展目标上看,智慧城市是以信息基础设施建设为基础,并逐步实现产业、生活和公共服务三大核心领域的信息数字平台建设。在搭建好软、硬件平台后,政府投资拉动,进行示范和深化应用,以点带面,并与民生需求包含公共文化服务需求紧密结合,最终实现智慧城市的全面发展和不断完善。这里,我们不难看出,上述三大核心目标平台中,公共服务方面的信息数字平台就包括以现代信息技术为核心的公共图书馆服务平台,该平台的建设将有助于帮助公众实现公共文化消费的高效、便捷与均等化。

第三,基层图书馆在智慧城市建设中的角色定位。作为城市公共文化重要组成部分的基层图书馆,在智慧城市建设中究竟处于什么样的位置,又该发挥什么作用呢?从智慧城市的概念与建设目标上看,智慧城市的建设与发展所带来的高效与便捷的公共服务,必将给公众的生活带来全新的体验,也必然引起整个城市文化生态发生巨大的变化。这其中就包括基层图书馆的信息化水平、服务能力以及服务模式与服务理念,尤其是对于正处在智能化建设初期的基层图书馆而言,智慧城市的建设既是一种有力的促进互补,更是一次难得的发展机遇。这里所说的智能化图书馆,指的是基层图书馆以现代信息化技术为基础,充分整合资源,完善信息服务与传播知识文化上的服务创新。

主要体现在馆藏系统的智能化、资源共享的集约化、信息服务的便捷化,其基本出发点和归宿点与智慧城市建设的宗旨不谋而合。

我们深知,城市的高速发展是一个不可逆转的大趋势,智慧城市的建设是城市实现可持续发展的重要抓手。在这一发展进程中,作为区域文献信息中心的基层图书馆,无疑是智慧城市建设不可或缺的一部分,承担着其他公共服务阵地所不能替代的角色。因此,基层图书馆应该立足长远,发挥技术信息优势,完善图书馆的各项业务流程,形成更具特色的公共文化服务模式,最终推动图书馆的转型和发展。本文以晋江图书馆为例,以晋江建设智慧城市为背景,探讨基层图书馆身处其间的关系与作用。

第二节　智慧城市与智能化图书馆

一、晋江智慧城市建设背景

当前,智慧城市建设已成为国家发展战略,正式列入国家新型城镇化建设规划。2014 年,晋江被国务院确定为全国新型城镇化建设的试点。在这样的背景下,晋江顺势而为、乘势而上,将智慧城市作为晋江新型城镇化建设的重要内涵,同时也是建设现代化城市的重要抓手。在智慧城市的建设过程中,晋江提出许多措施与策略,推进智慧城市建设进入快车道,这其中"要加快完善城市公共基础数据库,建设公共信息平台"一项与基层图书馆关联最为紧密。那么,基层图书馆如何嵌入智慧城市建设体系,如何在智慧城市建设过程中体现公共文化的发展方向、创新的服务理念,以及先进的信息技术服务,我们提出以建设智能化图书馆作为切入点,将智能化图书馆与智慧城市建设有机融合在一起,实现互补互通共享,共同促进公众使用图书馆等公共文化服务的智能、高效与便捷。

二、智慧城市与智能化图书馆的关系

智慧城市与智能化图书馆之间究竟是怎样的关系？二者之间又将如何实现融合？概括起来主要包含以下三个特性：

一是独立性。智慧城市主张将代表科技发展的"智"与代表人文思想的"慧"有机结合起来，体现的是以人为本的发展趋势；基层图书馆智能化建设则侧重实现科技与资源的再造与升级，更加趋向于具体物质形态上的变革。智慧城市与智能化图书馆二者之间不仅在概念上有所不同，而且外延与内涵均有质的区别。前者是一座现代城市发展进程中的崭新平台或者高级形态，涵盖的范围涉及民生服务、城市建设、产业发展的方方面面；而后者则是作为公共文化专业领域的现代图书馆更新换代的产物，服务对象主要是消费公共文化服务的公众，虽也在智慧城市的建设服务范畴，但外延明显较小。从上述角度理解，智慧城市与智能化图书馆二者之间各具独立性。

二是共通性。尽管智慧城市与智能化图书馆之间各具独立性，但若要将二者完全剥离则是不可能的，因为二者之间原就是相互交织的统一体，具有共通性。智慧城市既是智能化图书馆赖以生存与发展的土壤，又是不可或缺的坚实基础与必备条件；从另一个角度看，智慧城市凭借着统筹整合与传播各类科技文化信息的优势，为智能化图书馆的建设与发展提供智力支持与资源共享服务。因此，两者之间互为交融、有机统一。

三是互动性。从智慧城市的建设远景看，智慧城市是自然与社会、科技与人文的高度契合，基层图书馆作为城市文化生态的一个重要组成部分，自然而然地会从上述融合中得益；另一方面，基层图书馆作为开展社会终身教育的专业性文化机构，以其文献资源、智力资源、现代信息技术等优势，为智慧城市的发展提供快速便捷的各类资源服务。因此，二者之间完全可以通过合作互动、共享共建，实现资源互补、扬长避短，从而形成合力，推动共同发展。

第三节 晋江市智能化图书馆建设模式

一、建设目标与任务

基层图书馆智能化建设如何与智慧城市建设有机统一,我们提出一个"嵌入式思维"的概念,所谓"嵌入式思维",其实就是计算机技术的应用思维,概而言之,就是将计算机技术带入一个嵌入的服务空间。该概念主要基于智能化图书馆建设的目标而提出,即图书馆的一切智能化应用均是为了给读者提供方便、快捷、自助及多样化的服务,从这一点出发,恰恰体现了智能化图书馆与智慧城市之间具有独立性、共通性、互补性的特征。当前,晋江图书馆智能化建设要完成的任务是主动推进信息化技术的升级换代,实现数字资源的集约与共享,从而以智能"物化"基础融入以"人化"为基础的智慧城市建设体系中。晋江图书馆的智能化建设,紧密对接晋江的产业发展与新型城镇化建设,从馆藏文献管理自动化、晋江数字图书馆两大框架为支撑开始,以嵌入式思维,推动图书馆服务方式的转变,优化社会教育服务模式,以满足不同层次的读者的阅读需求与信息技术体验,顺应与推进晋江智慧城市的建设潮流。

二、建设内容

经过面对读者群体、社会机构与市政管理部门开展的缜密调研,结合地方经济发展水平与馆情实际,确定晋江图书馆智能化建设主要以智能化管理与规划,汇聚各种资源数据信息的平台建设为抓手来推进,具体实施中分两个层面进行建设:

第一层面,基于 RFID(英文全称 Radio Frequency Identification)的智能馆藏系统建设,整体统筹规划与智能化管理全馆馆藏体系。

RFID,即射频识别,又称电子标签或无线射频识别,RFID 智能馆藏管理技术是目前公共图书馆在文献智能化管理方面应用最为广泛、成熟的技术,但我国基层图书馆多数尚未应用。该技术可以简化读者借还书流程、降低图书盘点和查找的工作量,为读者提供 24 小时自助服务、提高借还书效率、节约读者时间、提高读者满意度。晋江图书馆 RFID 智能馆藏系统主要由以下 8 个部分组成:

(1)纸质文献 RFID 标签化。将原采用"条形码"识别的图书馆纸质文献(不含光盘、密集书库图书、地方文献资料、工具书、台港文献资料及报纸等),全部替换为 RFID 智能标签。

(2)RFID 馆员工作站。RFID 馆员工作站是以 PC 机为基础,集成 RFID 读写装置、各种类型读者证卡识别装置、条形码识别装置等设备,对 RFID 标签进行识别和流通状态处理,辅助以其他装置用于读者流通部门对粘贴有 RFID 标签及条形码的流通资料进行快速的借还操作,提高工作人员的流通资料借还工作效率。

(3)自助借还书设备。该设备用于馆内读者自助办理借还书,方便读者、快速办理借还手续,配备触摸显示屏或简单按键操作系统,提供简单易操作的人机交流界面与图形界面。

(4)RFID 自助办证机。该设备可以减少人工办证的烦琐手续,通过对二代身份证信息认证,实现读者自助办证、查询、扣缴、凭条打印等功能,有效提高图书馆的服务效率。

(5)馆外 24 小时自助还书设备。馆外 24 小时自助还书系统设备是一种对 RFID 标签的文献进行读取、识别和归还处理的设备系统,用于读者 24 小时(特别是闭馆期间)自助办理归还操作程序。

(6)RFID 便携式点检设备。便携式点检设备是一种针对 RFID 标签的扫描、统计设备,通过对书架上粘贴有 RFID 标签的图书流通资料的扫描,可以帮助图书馆工作人员排架,查找和统计特定的流通资料等,在图书馆工作人员寻找丢失资料和盘点书籍时发挥效率,即可以提供智能定位、路径指示和智能上架等功能。

(7)安全门系统设备(四通道)。该系统设备可以对粘贴有 RFID 标签的图书流通资料进行扫描、安全识别,用于读者流通部门对流通资料进行安全控制,以达到防盗和监控的目的。

(8)软件及接口。RFID 接口与晋江图书馆现有的图书馆管理软件(图创软件:Interlib 图书馆集群管理系统)实现无缝连接。软件系统具有完备的功能、友好的用户界面、灵活的参数设置,并遵循各类标准协议,以确保各硬件设备正常运转。

第二层面,建设晋江数字图书馆,搭建统一、开放、共享的图书馆智慧平台。

建设晋江数字图书馆旨在建立面向晋江市不同类型读者需求的知识服务平台。在此平台基础上,整合发布图书馆外购的数据库及自建数据库,构建图书馆的信息化数字资源门户,为读者提供一站式的知识信息服务。通过该平台的建设,可以为本地区不同层次、不同领域的读者提供不同获取方式的文献服务,从而形成覆盖本地区的知识服务中心。晋江数字图书馆主要由以下 5 部分组成:

(1)门户网站

数字图书馆门户网站是图书馆在网络环境中的一个对外窗口和平台。通过该网站,读者足不出户就可以了解图书馆的各种信息和动态。该门户网站的作用在于不但可以实现统一认证、咨询、荐购图书等服务,而且可以丰富图书馆的服务内容与服务方式。门户网站是图书馆对自身传统业务在时间和空间上的延伸和拓展,直接代表并反映着图书馆的公共服务形象。

(2)晋江文献中心

晋江文献中心主要核心工作在于收集、整合各种文献类型的信息,实现馆藏纸质资源和电子资源的联合云服务,读者只需进行一次检索,与关键字相关的所有资源包括纸质资源的馆藏信息、期刊、电子图书、报纸、视频等均能一次获得、一目了然。

(3)移动服务(含手机图书馆)

简单地说,数字图书馆的移动服务就是指移动数字图书馆服务。实际上,移动数字图书馆是数字图书馆的一个分支,它使读者可以不必依赖台式电脑来实现数字资源的浏览、下载和阅读,读者可以通过手中的智能手机、平板电脑等手持移动终端设备来浏览、下载、阅读和欣赏数字资源。该移动图书馆大大突破了电脑、网络以及固定位置才能进行数字阅读的限制,极大的满足人们在进行数字阅读时的便捷性,不受设备与场地的限制。

(4)自动终端服务

数字资源的自动终端服务是指电子图书自助借阅系统(歌德电子书)服务,它是一个创新型的数字图书馆服务模式。主要通过独创的二维码"扫一扫",即可轻松借阅正版电子图书,不用识别证件,无须输入密码,更不必交纳借书押金,触控屏幕,简单三步即可带走想看的电子书籍,为读者提供方便、快捷的移动数字化阅读服务。

(5)数字资源

在新的网络资源环境下,数字资源建设与纸质文献建设一样,已成为基层图书馆业务建设的重要组成部分。近年来,晋江图书馆迎合数字图书馆建设的需要,以及读者的需求及反馈,在原已购入的超星数字图书馆、维普资讯(中文科技期刊数据库)、CNKI(中国期刊全文数据库)等的基础上,购置了"贝贝国学"、乐于学少儿多媒体图书馆等少儿资源数据库及 CNKI 期刊库扩库(原来仅购买 IFGHJ 专辑)等一批数字资源,不断提高数字资源建设质量,进一步丰富数字图书馆的资源建设。

综上,晋江图书馆智能化建设结合晋江的城市定位与智慧城市的发展实际,以建设晋江数字图书馆为抓手,搭建统一、开放、共享的图书馆智慧平台。该平台的建设,可以让市民读者获取图书馆信息资源服务更加便捷、快速,可以使图书馆信息资源的共享互动发挥最大的社会效益。

毋庸置疑,建设智慧城市是城市精细化管理的需要,是提升城市居民幸福感的需要,更是公共服务行业借机优化升级和实现可持续发展的需要。在大数据时代的发展背景下,智慧城市建设必将提升未来城市的发展水平与发展层次,催生了相关智能产业行业、智能化图书馆的蓬勃发展,也必将给人们的生活、学习带来前所未有的快捷和便利。随着智能化技术的飞速发展,必将对既有的社会生活、社会管理体制和管理方式产生巨大而深远的影响。

　　基层图书馆作为知识信息搜集、储存、传播的主阵地,每天要面对不同人群对知识的获取压力与动力,感受这种因智能技术的应用所带来的变化会更直观,体会会更深刻,影响也会更深远。因此,随着读者对智能化技术需求的不断增加,基层图书馆的应对之策就显得尤为迫切,这其中,除了要不断优化和创新读者服务,逐步实现图书馆业务与服务的转型、实现馆藏资源的合理配置外,还应该加快文献管理智能化和资源数字化建设进程,以智慧城市建设为契机,加强统筹协调,促进和谐双赢。一方面,将智能化图书馆融入智慧城市建设体系,政府主导、规划先行,推动云计算和大数据广泛应用,为基层图书馆的社会教育服务拓展更多的渠道、搭建更高的平台。同时,智能化图书馆可以依托智慧城市的信息数字平台,拓展社会终身教育学习空间,提升公共文化服务水平,努力为智慧城市建设提供智力支持。另一方面,基层图书馆应加强与读者、社会各阶层的合作与互动。以满足读者及社会各阶层的需求为出发点,以合作互动、共建共享为机制,开展信息技术创新服务与形式多样的教育培训活动,推进社会教育的普及化、大众化和均等化,构建适应智慧城市需要的终身教育学习体系,为智慧城市建设提供人才支撑,满足智慧城市建设对公共文化事业发展的需求。

第十一章　少年儿童图书馆建设的人文关怀
——被动接受与主动体验

"未成年人是祖国的未来,加强对未成年人的教育培养,是关系到党和国家事业兴旺发达的重大战略性任务。少年儿童图书馆作为未成年人社会教育的重要基地,是少年儿童课外阅读和自学的主要场所,对学校教育起着补充、延伸、深化的作用。新中国成立以来,特别是改革开放以来,我国的少年儿童图书馆事业有了长足的发展,成绩显著,在构建公共文化服务体系、丰富未成年人精神文化生活、促进未成年人健康成长方面发挥了重要作用"。① 作为青少年阅读主要场所的少年儿童图书馆的建筑设计理念逐渐为人们所探讨,其中就"人文关怀"在少年儿童图书馆建设中的重要体现最为业界所认可,本章以晋江市少年儿童图书馆的改造建设为例,梳理改造过程的细节,阐述少年儿童图书馆建设实践中的人文关怀。

第一节　我国少年儿童图书馆建设的发展概况

一、我国少年儿童图书馆建设的三个高潮

我国的少年儿童图书馆事业的启蒙和发展源于 20 世纪初维新派人物提出的"教育救国"思想,同时受到西方资产阶级民主文化思想的影响。我国第一家儿童图书馆成立于 1912 年的湖南省双峰县青树

---

① 文化部关于进一步加强少年儿童图书馆建设工作的意见[EB/OL]. [2016 – 02 – 01]. http://govinfo. nlc. gov. cn/gtfz/xxgk/gwyzcbm/whb/201110/t20111012_ 1021838. htm.

镇,在此之后,随着我国政治、经济、文化的百年变迁,少年儿童图书馆事业的发展经历了三次建设高潮。第一次建设高潮在 20 世纪 30 年代初,随着图书馆学理论研究的发展,人们开始重视少年儿童图书馆事业,在这个时期共建有少年儿童图书馆和少年儿童阅览室 184 个。第二次建设高潮则是在新中国成立后,百废待兴,政府加强对于基础文化设施的建设,少年儿童图书馆建设也得到了良好的发展机遇,在此期间,全国 60% 的公共图书馆设立了儿童阅览室,儿童图书馆(室)及小学图书馆机构的数量达到 212 家;1957 年 7 月在上海召开的儿童图书馆(室)工作会议,促进了 20 世纪五六十年代全国少儿图书馆事业的迅速发展。1981 年 7 月,国务院办公厅以国发办〔1981〕62 号文件的形式转发了文化部等单位《关于全国少年儿童图书馆工作座谈会的情况的通知》,许多地方开始恢复或新建了专门的少年儿童图书馆,逐步掀起我国少年儿童图书馆事业的第三次高潮。到 2000 年,我国公共图书馆机构数量达到了 2675 家,其中独立建制的少年馆机构数量达到 84 家。①

二、新世纪我国少年儿童图书馆的建设情况

进入 21 世纪,随着中央和有关部门长期的高度重视,举国上下,从大城市到小县城,一座座气势恢宏的图书馆拔地而起,除了外观上给参观者带来几近震撼的视觉冲击外,内部设施之先进、用具陈列之气派,让国外同类图书馆都自叹不如,少年儿童图书馆事业迎来了蓬勃发展的时代,与此同时,对少年儿童这一群体阅读现状的关注也在大幅提升。从 2000 年到 2008 年,我国独立建制的少年儿童图书馆经费总投入由 6237 万元增加到 2 亿元,少儿馆馆舍面积从 14.4 万平方

---

① 工作交流会提出:从基础开始加强少儿图书馆建设[EB/OL].[2016-02-01].http://pic.jyb.cn/book/rdss/201011/t20101116_400010.html.

米增加到 23.5 万平方米,总流通人次增加了 1.4 倍①。如 2007 年全国图书馆联合编目中心少年儿童图书馆中心在天津市少年儿童图书馆成立;2010 年 6 月 1 日,国家图书馆专门在馆区里开辟建设一座少年儿童图书馆,并对公众开放;2011 年 9 月,福建省建成并开放首座省级少年儿童图书馆;湖南少年儿童图书馆于 2011 年搬入新馆,现有馆舍面积 13800 平方米,拥有馆藏报刊 80 余万册;2012 年 12 月 12 日,杭州市少年儿童图书馆经修葺一新再度对少年儿童开放;2013 年 10 月,晋江市少年儿童图书馆建成对外开放;内蒙古少年儿童图书馆经改造于 2015 年 7 月对公众开放等。

三、我国少年儿童图书馆建设中迷失的人文关怀

经过问卷调查与实地调研,我们发现,全国多数少年儿童图书馆脱胎于原有的公共图书馆,即通过改建旧图书馆舍而成,从馆舍结构与室内布局上看,算不上是真正意义上的少年儿童图书馆。此话怎讲? 一方面,多数少年儿童图书馆未曾历经选址、奠基、设计、开工、封顶,直至室内布设,最后向公众开放的建设步骤,而是因为原公共图书馆择地另建、搬迁新址,将遗下的旧馆舍直接改造而成。如深圳市少年儿童图书馆、厦门市少年儿童图书馆、晋江市少年儿童图书馆等均属此类。另一方面,承担改造建设任务的多由原公共图书馆人员组成,观念与理念仍停留在原有面对成年读者服务的公共图书馆的思维定式上,难于准确把握对少年儿童图书馆的理解。这就不可避免地造成一些弊端,给少年儿童图书馆开放服务后带来难以修补的遗憾,大到馆舍外观设计、内部结构布局、周边环境配套,小到消防问题、通道设置、楼层指示、书架形态及具体安全设施等,甚至历史上遗留下来的诸多产权、物业权属等问题,均成为改造建设者棘手的难题。由于存

---

① 共商少年儿童图书馆事业新的发展——全国图书馆少儿服务工作座谈会在京胜利召开[EB/OL].[2016 - 02 - 01]. http://book.ce.cn/ssjj/201010/25/t20101025_21915180.shtml.

在上述诸多因素,不少经改建后开放的少年儿童图书馆,除了阅览桌椅矮了、室内装饰多了、色彩艳丽了、少儿读物丰富了之外,人为设置的成年世界的规矩随处可见,无拘无束的少年儿童心性与天性得不到应有的尊重,图书馆整体氛围与面对成年读者开放服务的公共图书馆无异,针对少年儿童的人文关怀在图书馆建设过程中可谓是迷失了。

在 1994 年公布的联合国教科文组织《公共图书馆宣言》里提到公共图书馆主要承担的 12 条使命,其中有 2 条明确指出需要为少年儿童提供的服务。第 1 条使命:养成并强化儿童早期的阅读习惯;第 4 条使命:激发儿童和青年的想象力和创造力。由此我们发现,国内多数少年儿童图书馆的建筑设计主要基于两个"注重",一是物理空间上注重少年儿童的生理特点,诸如身高、体重、性别等;二是馆藏设计上注重适合少年儿童年龄特点的文献类型。除此之外,另外一项更为重要的设计与建设依据——少年儿童的群体心理特征则被忽视,遑论关注他们的每一个成长周期的心理变化。由于少年儿童在成长阶段的心理特征存在诸多不确定性,这就要求少年儿童图书馆的建设应该更加关注其心理的可塑性,呵护其探索未知世界的热情与兴趣。因此,少年儿童图书馆的建设必须从少年儿童的视角出发,从生物学与社会

晋江市少年儿童图书馆动漫阅览室(王筼筼 摄影)

学的角度,在建设设计的每一个环节中倾注更多的人文关怀。在条件允许的情况下,可以由孩子们自己决定他们需要什么样的图书馆,让孩子们对图书馆由被动接受转化为主动体验。唯其如此,才能建造出为广大少年儿童所喜爱并乐享其间的专属图书馆。

第二节　晋江市少年儿童图书馆的改造建设

一、前期准备工作

1. 改造背景。晋江市少年儿童图书馆的改造建设,与国内多数少年儿童图书馆经历相似,即在旧公共图书馆的基础上进行改建,而非择地新建。2007 年 12 月 7 日,晋江图书馆搬迁至新建成的现馆址(晋江市世纪大道文化广场)并正式对外开放服务,旧馆址则暂时关闭。后经市政府同意,决定将旧图书馆改建成服务全市未成年人的少年儿童图书馆。但由于历史上诸多原因,改建前亟须解决三个难题:其一,原馆舍建于 20 世纪 90 年代,按照现行的公共文化设施安全标准,建筑物的安全等级显然已难以达标;其二,原馆舍所在区域为老城区,交通密集,人流量大,举办大中型读者活动,人员疏散问题不容小觑;其三,原馆舍为晋江爱国华侨全资捐建,改造捐赠的建筑物必须经捐赠者同意,包括改造设计效果图等均应及时与华侨沟通。上述诸因导致改造前期工作颇为繁杂,单凭图书馆一己之力难以化解。因此,在改造之前,由市政府主管部门牵头成立"晋江市少年儿童图书馆改造项目领导组",在该机构的直接领导下,着手制定详尽的改造实施工作计划,含前期调研、沟通计划以及改造建设方案。

2. 前期调研。按照改造实施计划,在拟定改造建设方案前,最重要的环节就是向社会各界征求改造意见。征求意见的目的不仅仅是期望获得支持率之类的数据,而是考虑到获取有益于改造的资讯、经验与建议。因此,所征求的对象既包括原馆舍的捐赠方,也包括政府主管部门;既包括图书馆界的专家学者,也包括具有丰富经验的建筑施工者;既包括少年儿童图书馆的实际使用者——全市少年儿童,也包括图书馆的管理人员。从征求意见内容设计上,不仅涉及外观展示,也包含内在装饰;不仅涉及功能布置,也有部室分区;不仅涉及当前现状,也有未来愿景;不仅涉及馆舍本身说明,也有外部环境征询。无论是从征求对象,还是征求内容上,力求做到多层次、全方位、多维度地征求意见,然后将收集到的社会各阶层的意见,落实到改造建设全过程。

具体征求对象涵盖以下 6 个层面:

第一个层面是少年儿童。晋江少年儿童今后将是少年儿童图书馆真正的使用者,因此我们邀请全市少年儿童畅想心中的少年儿童图书馆该是长什么样。在全市举办一场以"我心中的少年儿童图书馆"为主题的征文与绘画大赛,以文字描述和绘画展示两种形式来表现孩子们心目中的少年儿童图书馆。该活动看似策划点小,但实际影响深远。全程历时 6 个多月,收集了近千份文章与图画,邀请名家评选,将应征作品中操作性较强的文章与图画留存下来,供设计施工单位参考。

第二个层面是海外华侨。原馆舍系晋江旅菲华侨全资捐建,改造前专程将市政府改建少年儿童图书馆的目的与愿景分别以信件及当面报告的形式,征得华侨的理解与支持。图书馆承诺改造将尽量保持原建筑物的结构与风格,在效果图设计出来后,又充分征询与吸纳华侨的意见并加以修改。

第三层面是图书馆界专家学者。多方向图书馆界专家学者讨教取经,既包括本地图书馆界同仁,也包括异地图书馆界专家。基于图书馆空间设计与今后开放服务之间的关系,侧重征询各地少年儿童图书馆的专家、学者,寻求可资借鉴的经验,以防患于未然。

第四个层面是图书馆的承建商与建筑工程师。基于图书馆建筑的特殊性以及服务少年儿童这一自制力较弱的群体,征询具有图书馆等文化设施建设经验的承建商、工程师的意见,从物理空间设计与室内陈设等方面加大征询力度,尽量减少遗珠之憾。

　　第五个层面是城市的管理者。邀请晋江城市的管理者座谈,如城市规划与建设局、市政园林局、公安局、财政局,以及人事主管部门等。少年儿童图书馆作为一座将永久存在的公共文化设施,建成开放后将不可避免地与城市管理者发生各种关系,城市管理者丰富的工作经验可以为图书馆更快地融入城市管理体系提供不可多得的捷径。

　　最后一个层面是社会公众。作为一座面向公众开放的大型公共文化设施,理应广而告之,充分尊重社会公众的知情权与参与权。采取借助电视、报纸、网络等各种传媒平台,通过设置问卷调查、公示设计图样、采访直播、平面媒体专题报道等形式,广泛征求与吸收社会公众的意见。

　　上述6个层面的意见征求,历时一年多,在此期间,由晋江市公务员局带队,市委编办、市财政局、市文体新局分管领导和市图书馆有关人员参加,赴福州、厦门、上海、杭州和深圳等地的少年儿童图书馆实地学习考察,全面了解各地少年儿童图书馆内设机构运作以及读者服务、特色建设等方面的情况,并与各地的少年儿童图书馆的建设与管理专家进行探讨和交流,从而拓宽了视野,启发了思路。调研目的在于,从中汲取真知灼见,加以归纳整理,体现在改造建设的每一个环节里,力求建成一个孩子舒心、家长安心、社会放心、管理者尽心的少年儿童专属图书馆。

二、建设定位——体验式少年儿童图书馆

　　什么是少年儿童图书馆,少年儿童究竟需要什么样的图书馆,什么样的少年儿童图书馆真正适合少年儿童使用? 这些问题无不指向少年儿童图书馆的“建设定位”。但当定位之说甫一提出即遭质疑——还需要定什么位? 为孩子们建一个专门的图书馆,就是最好的定位! 道理如是。为孩子们建图书馆,当然是最准确的定位。但是一旦到实施阶段,就难办了。孩子们究竟需要一个什么样的图书馆,这是一个很具体的问题。是否应该按照家长、学校、社会人士等成年人的主观意愿建造,或者干脆由政府部门主导邀请专家、建筑师来建造?

倘若如是,则前期所做的调研工作与意见征集活动就失去意义。

改造前,我们组织全市少年儿童以文学及绘画的形式描绘"心中的少年儿童图书馆",所收集的作品为后期建设提供了最生动与鲜活的注解。虽然有的作品几近色彩斑斓的童话,有的稚嫩如梦呓,有的毫无章法似"无厘头"电影,有的甚至违背建筑与设计原则,但是晋江少年儿童对心中图书馆的渴望与企盼几近一致——那就是一座自由自在、没有规矩与羁绊的少年儿童乐园。这是一个基于人文角度考量的定位依据,更是一个颇具挑战意味的定位依据。

另一个重要的参考依据是少年儿童图书馆必须遵循、尊重少年儿童的成长规律,包括生理与心理的发展特点,从生物学的角度考量少年儿童对图书馆空间的使用。图书馆未成年人服务的空间要求图书馆的建筑、布局、家具和装饰要适合未成年人的生理和心理特点,与成人的阅览空间相比,少儿服务区间往往色彩鲜艳、标志醒目、富有生机和活力[1]。

基于上述两方面依据,我们将收集到的各种载体、各种类型的意见进行汇总、甄别与筛选,侧重吸纳晋江少年儿童与图书馆专家、管理者的意见,最终定位为建设一座"体验式少年儿童图书馆"。那么,如何解读该定位呢? 所谓"体验",《现代汉语词典》第 6 版注解为"通过实践来认识周围的事物",是一种"亲身经历"。我们将"体验"一词放置在图书馆的语境里,具体转化为包含"成长""悦读"与"快乐"3 个元素,即少年儿童在成长的每一个阶段中感受图书馆的快乐体验与阅读的体验。从行为上看,少年儿童正值好动的生理年龄,对自身行为的管控能力偏低,尚未形成成熟的是非对错的判断力,这个阶段的少年儿童热切盼望以自己的眼睛、用自己的身体去触碰所有新奇的东西。从性格上看,少年儿童对外部世界充满好奇,喜欢去尝试、去体验,多数不喜好中规中矩的事物,不喜欢受到约束,厌烦被人呵责管

---

① 潘兵,张丽,李燕博.公共图书馆的未成年人服务研究[M].北京:北京图书馆出版社(今国家图书馆出版社),2011:107.

束,来自家长与学校的过分约束常常遭到少年儿童的反抗或抵制。

《国际图联面向儿童的图书馆服务指南》中要求"少年儿童图书馆应该成为对所有年龄阶段儿童开放的、具有吸引力的、有挑战性而无威胁感的地方①"。倘若图书馆里充斥着各种约束与规矩,孩子放学后就不会想去一个跟学校一模一样的图书馆;倘若图书馆里排列着整齐划一的书架与家具,孩子长期受到这种空间格局的影响,好动与好奇的天性也会渐渐丧失;倘若图书馆里总有一帮大人盯着、管着,孩子自然而然地会对图书馆产生距离感而不愿再来……

我们常说,只要路的方向正确,就不用担心路有多远。在图书馆工作人员与孩子之间建立彼此的信任度,信任度越高,管理也就越少;管理越少,管理成本自然下降,双方关系就更融洽与快乐。反之,愈是对正在使用图书馆的孩子防范与监督,两者之间的关系愈是僵化,图书馆工作人员的工作则愈被动。

晋江市少年儿童图书馆总服务台(王筼筼　摄影)

---

① Libraries for Children and Young Adults Section [EB/OL]. [2016 – 02 – 01]. http://archive. ifla. org/VII/s10/.

三、建筑设计——人文关怀理念的体现

"图书馆事业主要还是一个人文主义的事业,我们要提醒自己记住:图书馆学始于人文主义。谢拉在其《图书馆学引论》中把这一理念引入了图书馆学。"①作为专门为少年儿童服务的图书馆更需要付出更多的人文关怀,由此在建筑的设计中,如何让孩子尽情地去观察、去触碰、去翻阅,鼓励孩子大胆去探求未知的领域、去质询书中的知识、去体验图书馆的妙趣,让孩子在图书馆里真正体验到成长的愉悦、阅读的意趣与图书馆的温馨成为至为关键的因素。我们将少年儿童图书馆的定位,诠释为"少年儿童信息中心、孩子知识天堂、开心体验乐园",旨在培养少年儿童阅读的兴趣、体验生活的乐趣,养成热爱读书的习惯。围绕上述定位,还原至具体的改造建设与设计细节上:

(1)一个讲故事的地方。在空间设计上,每一个楼层风格不一,从书架的形状、窗帘的绘制、入口处的设计等,每一处设计均隐含着一个小故事,整座大楼就像一个充满故事的场所。小朋友可以席地而坐,可以倚墙而立,可以坐于小矮凳,可以卧倒于地,也可以端坐于阁楼地板或者阶梯上,读书、讨论、听志愿者老师讲故事,无论是阅读环境布置,还是阅读座席设计,无不极力营造浓厚的讲故事的氛围。

(2)一座温馨舒适的大书房。在空间陈列上,量身定制桌椅和书架,以营造适合少年儿童阅读心理的环境,全馆家具没有统一的高度与宽度,但必须与少年儿童每个成长阶段的身高特点相适应。按年龄段不同界定服务区域,据此设计安置家具,避免家具给孩子造成居高临下之气势,阅读座椅的设计既与室内空间相融合,让孩子随处可以找到座位,又让他们坐得舒服,充分容许孩子各种各样的阅读姿态。唯其如此,孩子才可以迅速、安静地进入阅读世界,这比张贴再多的温馨提示更管用。

---

① 彭艳.少年儿童图书馆建筑设计的人性化理念[J].中小学图书情报世界,2009(12).

（3）一个色彩斑斓的书籍世界。注重光线与色彩的搭配，阅读区域的墙体大面积使用中空玻璃，从而保证充足的光线，让孩子在自然温暖的阳光下，愉快地阅读。同时，根据区域功能划分和读者群年龄的不同，恰当选择不同颜色的书架。空间整体以蓝色为主色调，有助于让孩子尽快安静下来，再配上零星的草绿色与蛋黄色，多彩而活泼，赋予孩子浓郁的梦幻之感，与少年儿童爱做梦的心理特征相契合。尤值一提的是，注重"文化色彩"的植入，空间装饰底板采用闽南建筑传统特色——"出砖入石"的红白相间元素，形态上虽毫无规则，却又和谐统一，以闽南传统文化的回归带给孩子家一般的温暖。

（4）一个开心的游乐场。室内既有小阁楼、木楼梯，还有 S 型书架，"世界之窗"模拟书架，3D 演播厅、椭圆形小舞台，以及大型俄罗斯积木书架，孩子可以像待在游乐场一样，寻到一处最适合自己的地方阅读。室外配有一个 800 多平方米的露天花园，布置木椅、木桌与遮阳伞，让孩子书看累了，可以跑出去玩会儿，荡秋千、捉迷藏、闻花香、追蝴蝶等，也可以将书本带到花园里，或坐于树下，或躺在草地上，或读书，或打瞌睡。馆内凡带有棱角的角落或物件，如方柱、墙角、拐弯处、家具对角等，均以打磨或软包装的形式进行处理，让孩子可以尽情地游走、奔跑甚至碰撞，预防意外事故发生。

（5）人与书籍的零距离。采取书架与小读者的零距离设计，书架的设计与排列和文献类型相一致，如动漫阅览室以俄罗斯方块为设计元素进行排列，拉近少年儿童的心理距离，让孩子可以随手取放、阅览，增加孩子与书籍之间的亲近感。

（6）原生态的用材。基于绿色环保考虑，除玻璃窗外，室内书架、桌椅等家具材质，均用原木制作，仅于表面涂上一层桐油防潮防蛀。低幼儿童活动区地板铺原木，其他区域则铺设闽南传统红砖，防滑防潮，窗帘采取无纺布制作，充分营造健康绿色的空间，有助于孩子的健康成长。

（7）独具匠心的私密空间设计。图书馆入门厅与室内每一个出入口，均以闽南"出砖入石"的元素设计成各种有趣好玩的形状，旨在吸引孩子的好奇心,让孩子有一探究竟的欲望,激发其阅读兴趣。鉴于青少年时期已经开始意识到拥有属于自己的秘密与隐私,按不同的年龄段,以各种形状的书架为孩子隔开相对独立而隐秘的空间,充分考虑每一个年龄阶段的少年儿童均有自己喜欢的图书馆空间。

上述细节设计主要基于少年儿童的天性、闽南文化特色,以及环保安全之考虑,整体设计体现以下 4 个特点:

一是安全因素。在物理空间安全上,室内举凡墙角、柱体、台阶、家具棱角等均以软包、木制或打磨处理。在工作人员上岗培训会上,要求全体图书馆工作人员从严格的管理者身份,向贴心的服务员、安全员,甚至是保姆的身份转变。在馆藏分布上,按年龄结构不同分楼层进行文献配置,高楼层为小学高年级与中学生,一楼为低幼绘本区,二楼为小学低年级等,同时允许所有入馆的少年儿童自由取阅全馆图书文献,并就近归还。

二是传统元素。一方面融入中国古典文化的元素,如筛选有关自然与读书为主题的古典诗词镌刻在书架侧面,让孩子时时记诵,达到"润物细无声"的目的。另一方面注重闽南特色文化的展示与传承,在馆舍外观与室内设计上融入闽南建筑传统元素中的"出砖入石",用材上取颇具闽南特色的六角红砖为地板等。

三是色彩天然。以绿色与环保为出发点,色彩搭配上充分尊重孩子对色彩敏感的天性,以代表干净、典雅、时尚的蓝色为主色调,局部配以草绿,代表"积极、生命与成长",以天蓝色诠释"纯粹、宁静、智慧、通透与翱翔",以柠檬黄代表"活泼、生动、阳光与享受",再加上小部分粉红等色彩点缀,达到整体视觉上的美观与协调。

四是布局合理。一楼为总服务台区域、亲子阅读区、故事绘本区、亲子教育与儿童护理区(含母婴哺乳室)与儿童舞台表演区及室外露天花园休闲区,主要服务对象以低幼儿童为主,兼顾准妈妈与孕妇等急需育儿、护理等知识的群体。二楼为文献借阅区、动漫世界互动区、露台阅览区与大堂休息区,主要服务对象为小学低年级学生,以及部分陪读的家长,提供了舒适的休闲桌椅及杂志与报纸供读者阅读。三楼为"世界之窗"文献区、视听区,文献区域主要针对小学高年级与中学生,提供的图书包括中英双语读本等。四楼为生活体验区与少年儿童实践活动区,结合闽南特色,参考日本嘟嘟城的模式,设置快乐小报社、嘟嘟面包房、小小邮电局、智能体验区、购物小天堂与小小交警台等,让少年儿童独立体验丰富多彩的社会生活。

晋江市少年儿童图书馆亲子阅读区(王筠筠　摄影)

第三节　晋江市少年儿童图书馆建设成效

晋江市少年儿童图书馆改建过程中,始终坚持一个重要原则:图书馆只为使用者设计,从建筑外观的改造到内部设计的搭配,均应充分考虑对使用群体的人文关怀,尤其是对正处于成长关键时期的少年儿童,因为他们对环境的感受异常敏感。因此,无论是色彩搭配、空间布局,还是安全考量、传统文化氛围营造,以及文献功能分区、体验区域设置,不但从物理空间的设计上细致入微地表达"体验"两字,充分阐释"快乐、成长与悦读"的定位,尤其重要的是,从管理模式上大胆创新,从过去单纯的"管理"转化为现在的全方位的"服务",要求全体工作人员必须尽一切努力培育与满足少年儿童的个性化需求,培养其"我的图书馆我做主"的主人翁态度,除可能涉及读者自身及他人安全的行为外,图书馆工作人员不得以任何形式、任何理由限制或制止孩子使用图书馆的行为。晋江市少年儿童图书馆自 2013 年 10 月开馆至今两年多,经常就到馆时间、来馆目的、服务项目、少儿活动、工作人员满意度、喜欢的功能区域、获取活动资讯的途径等方面开展问卷调查,收集意见建议,并在日常服务工作中予以采纳与修正。截至 2015 年 11 月 30 日,晋江市少年儿童图书馆共接待读者 49 余万人次,举办读者活动 240 余场次,超过 2 万人次参加,文献借阅 867 813 册次,借还 90 145 人次,接待中小学、幼儿园学生参观人数 4000 多人次。晋江市少年儿童图书馆在读者心目中的地位愈来愈重要,以致读者向"晋江市长专线"及图书馆公众微信平台反应,要求延长图书馆开放时间,满足更多的少年儿童使用图书馆。由此足见,晋江市少年儿童图书馆已经成为晋江少年儿童日常生活中的一个乐于主动接受与体验的重要公共文化场所。

下　篇

基层图书馆创新读者服务

第十二章 数字化时代的基层图书馆服务
——纸本阅读与数字阅读

进入 21 世纪,人类开启了一个信息呈几何等级爆炸的时代。对基层图书馆而言,网络化、数字化、"互联网 +"等的到来,冲击力度之大,不言而喻。在信息多元化的今天,公共图书馆还有存在之必要吗?有人如是质询,甚而断言,公共图书馆的存废只是时间的问题,纸本图书必将退出这个浮躁的时代。不可否认,这些声音曾经喧嚣尘上。虽然今天看来,上述言论纯属无稽之谈,但却从另一个角度提醒了我们:在纷繁复杂的大数据时代,如何从容迎接挑战,又能恪守传统,这是基层图书馆需要共同面对的重要课题。

无论时代如何发展,传统与现代历来如影相随。传统文化价值与现代创新精神之冲突从来不曾消失过,并非于今天这个时代表现更甚。对于公共图书馆而言,从将文献束之高阁的藏书楼到纸本图书全开架对公众开放,本身就是从传统到现代的一大变革;从完全依赖纸质文献开展读者服务工作到利用互联网等现代媒介实现时空不限的全方位服务,更是一次跨越式的革新。但无论如何,从读者对馆藏资源的利用角度,探讨汇聚于公共图书馆身上的传统纸本阅读与现代数字阅读,究竟孰轻孰重,说到底就是一个伪命题。若将纸质文献与数字信息资源,拿来做一个通俗比喻,那就像萝卜和青菜,各有所爱。即便读者的需求愈来愈多元化,读者在使用公共图书馆时,仍然会保留着这样那样的喜好,仍然会秉持着与他人迥异的阅读个性,有的喜欢纸质阅读,有的则习惯数字信息流览,有的这一刻翻翻书,下一刻又跑去刷刷屏。何来纸质文献将退出时代舞台,数字阅读独领风骚之说呢?

1995 年,联合国教科文卫组织将每年的 4 月 23 日定为"世界读书日",以纪念同在这一天辞世的文坛巨匠塞万提斯与莎士比亚,从此阅读成为有纪念意义的行为。人类文明博大精深源远流长,先人的智慧因书籍而遗世,时代的文明因阅读而传承。阅读使得那些亘古的智慧得以挖掘、传承并发扬光大。但一个不争的事实,延续数千年的阅读方式在信息多元化的今天已经在发生渐变,那么,作为承载着人们很多阅读期望的公共图书馆今后要如何应对与发展?

第一节　阅读方式的产生与演变

众所周知,界定阅读的方式通常以阅读所借助的载体来区分。以纸质为载体的阅读是传统阅读;而借助网络、电子书、手机等各种便利的电子媒介的阅读,则视为数字化阅读。这两种阅读方式的产生与演变有一定的过程。

从公元前 25 世纪人类在陶器上镌刻符号开始,阅读成为一种具象的行为,博大精深的古代文明伴随着阅读源远流长。公元 105 年,东汉蔡伦发明植物纤维纸,使阅读方式更加便利。在传统的阅读世界里,"书香弥漫"成为阅读者心中的美景。1974 年世界第一台微型计算机的诞生标志着数字化阅读方式的萌芽,1995 年因特网(Internet)的全球覆盖则标志着人类获取信息资讯的方式发生了根本性的变化。鼠标轻点,全世界的图书尽收眼底,所需信息资讯瞬间展现,时空之限灰飞烟灭,传统阅读遭到挑战,数字阅读初露峥嵘。埋首于字里行间的阅读者渐渐抬头凝望荧光屏幕,翻动纸张的纤纤细指开始流连于键盘鼠标,数字阅读成为既时尚又便捷的阅读方式。如今,时间已走到21 世纪,传统阅读与数字阅读现状究竟如何?

第二节　传统阅读与数字化阅读的比较

有人说,阅读无纸化是一件很痛苦的事,因为习惯读到兴起时拿笔做标记、写批语。有人说读纸质图书最大的不便就是看到喜欢的章节,除了拿笔纸抄下来,就只有记诵了。前者涉及个体的阅读习惯,后者却点出了读书的应用问题。应该说,二者都言之凿凿。现在,我们以承载着传统阅读的图书馆以及代表着数字阅读的网络等电子媒介为例来比较这两种阅读方式。

一、从阅读的深度来看,传统阅读的优势显著

传统阅读的阵地通常是图书馆,而传统图书馆以收藏纸张文献信息为载体,收集、加工、整理、管理这些珍贵的文献资源,以供读者借阅,这一职能决定了对读者所提供的服务围绕着纸质图书与馆舍之间展开。我们都知道,纸质载体历史悠久,资料信息来源固定,存储信息持久,并且通过了分类和整序,可以世代相传,适合深度阅读与休闲阅读,尤其适合从深层次研读品味,进行深度学术思想研究。正如意大利著名小说家翁贝托·艾柯所说:"到目前为止,书还是最经济、最灵活、最方便的信息传输方式,而且花费非常低廉,书是那种一旦发明,便无须再做改进的工具,因为它已经完善,就像镰刀、刀子、勺子或者剪子一样。"而数字阅读往往是在不停地打开一个又一个的界面,快餐式的阅读,虽然方便,但大多停留在泛读或者浅读上。再则,并非所有文献资料均宜数字化,有的在数字化后明显失真,无法保持原汁原味,如绘画、书法等以图像格式储存的信息,这就难以构成完整的知识体系。因此,虽然数字阅读增长了知识的宽度,但却忽视了知识的深度与系统性,一定程度上还会弱化思维能力。学知识、做学问都必须从查阅大量的书籍中汲取营养,在某些方面上,纸质图书的作用是其他阅读媒介替代不了的。

二、从阅读的广度来看，数字化阅读获取的信息量大

传统阅读中对知识的存储依赖于记忆与誊写，但因纸质载体占用空间大，信息存储量小，检索速度慢，查全率偏低，收藏和整序也比较烦琐，既给阅读带来相当大的麻烦，一定程度上也导致了阅读面的狭窄。而数字化阅读中所借助的信息载体因其容量大、体积小，既实现存储自如，又节省了大量空间。另外一方面，从保存的角度来说，纸质图书随着阅读的深入，图书的保存日渐成为高成本高付出的工作，尤其是对有保存价值的内容，一定程度上影响了人们阅读面的拓宽，而如果付之电子化或数字加工，既利于推广阅读，又实现永久保存，在保护珍本、善本、古籍等文献资料方面作用更凸显。再则，数字阅读因其所借助的媒介不受时空限制的远程高速特点，以及强大的检索查询功能使资源共享成为现实，极大地提高了人们获取文献的效率。

三、从阅读习惯来看，传统阅读更贴近人们的心理

中国 3000 多年的出版历史，人们对纸质书籍滋生了浓厚而特殊的感情，阅读代表着一种文化传统与理念。无论是淡雅的装帧，还是轻翻纸张的声响，以及书页间淡淡的墨香，无不让阅读者感受到浓郁的文化气息。尤值得一提的是，在手触摸纸质书的阅读中，最能够传达细致入微的情感和深刻思想，阅读者更容易与著书立说者进行无声的交流，从而产生共鸣。另外一方面，轻盈的纸质图书符合人们长期养成的阅读习性，随手翻阅，阅后随意放，简便易带，老少咸宜，这是电子书等数字阅读文本所无法做到的。数字阅读因其载体闪烁不定的屏幕具有的冰冷共性，而难以与阅读者"肌肤相亲"，文化意味浅显。更重要的是，失却了与著者、作者进行思想交流的可能。

四、从阅读成本来看，数字化阅读更节省

纸质书往往是"一版定终身"，一旦成书，即便发现错误，也只能等再版时再予以修正，可以说是一种难以尽善尽美的"遗憾艺术"。纸质

图书的不可更改和以版论成本的特点，决定了其阅读的成本高于缩微品、磁性材料、数字光盘、芯片等新型电子文献载体。相形之下，数字阅读所依赖的载体可更改率高，任何一个电子读物无论是版式或图文，只要需要，都可以进行无数次的修正，这一点对纸质图书而言是不可想象的。

另外，人们不会因阅读而阅读，往往从阅读延伸到生活的层面上来，比如人际交往中礼尚往来的馈赠，赠送纸质书更体现品位、更富有个性、更让人珍惜，也更适合传统阅读文化的心理需求，同时又可以满足藏书的需要。而冰冷的电子载体，因其共性的面孔及淘汰率高而不为大多数人青睐。

虽然数字阅读拓展了阅读的空间，但它不是颠覆，更不是取代。传统阅读与数字阅读各有优势，互不矛盾。既要充分认识到数字阅读对传统阅读的挑战，但也要看到二者之间相融共赢的可能。有一句流行语说，"上帝已改变了约会地点，我们不能在老地方等待。"人们的阅读方式正在发生渐变，作为提供阅读最大阵地的公共图书馆，目前最需要探讨的是，该以什么样的服务来应对。

第三节　阅读方式渐变中的基层图书馆服务

人类文明传承于阅读，更兴盛于阅读。阅读既是个体的渴求，也是社会进步的需要，人们阅读方式的渐变既赋予图书馆新的职能，同时也对图书馆的定位提出了新命题。从最早的府、阁、观、院式的藏书楼到如今开放式的现代图书馆，图书馆为阅读提供的服务外延愈来愈广阔，内涵也愈来愈丰富。图书馆的角色定位渐渐演化为使图书和信息的使用更民主化，最终实现全民平等阅读。实现这一目标，图书馆的服务应具有哪些方面的特征呢？

一、开放与融合的服务

传统阅读与数字阅读对基层图书馆最大的挑战更多体现在办馆理念上,图书馆服务理念应保持更大限度的开放与融合。在高速发展的现代经济社会中,无论是纸质资源,还是数字资源,包括图像、文本、语言、音像、影像、软件和科学数据等多媒体信息,甚至其他诸如金石、器皿、字画等任何资源类型、技术、模式、载体,在基层图书馆均应拥有一席之地与用武之处,均应具有为读者提供更个性化服务的可能。这里首先体现的是各类资源的整合,其次是资源服务的开放,图书馆尽可能采用开放资源进行服务,包括开放内容和开放软件等。充分整合各类开放资源,同时代表读者的利益,并不为一家所左右,利用自己的核心资源和核心能力发展事业。不可拘泥于"图书"两字,不能在概念的泥淖里纠缠,更不要因政府或民间的某些利益而做出让步牺牲。在这个意义上,保持图书馆在维护与利用文献资源立场上的中立,是基层图书馆面对阅读方式的多样性最根本的服务理念。

二、主动的双向服务

图书馆的服务对象是读者,图书馆因读者存在而存在。因此,读者即有的阅读习惯发生变化,图书馆服务也应随之改变,而不是为了维护图书馆固有的服务模式而存在。基层图书馆应该变定点的被动式的服务为主动的双向的服务,不能故步自封。以读者需求作为工作的轴心,随时应对需要提供与传统服务所不同的服务,并且走出去,打破馆界限制,寻找与挖掘更有效的服务项目。诸如为读者提供社区服务、推荐书目、定题咨询等。这样做的目的是,需要一个拥有更多功能的图书馆,让读者通过更简单的程序获得更人性的服务与更多的转变,从而达到图书馆资源服务的最大化,更好地满足读者需求。比如通过个性化图书馆主页,或者实体服务,允许读者召集即兴的读书座谈、讨论等。当然,这些协作努力需要图书馆工作人员具有注重读者反馈的意识和评估更新、改进服务的详细方案。

三、隐性读者的服务

过去的服务习惯于集中在已有的读者身上,习惯于给同样的群体提供同样的服务和一成不变的程序,重视已有读者而忽略了隐性读者,安于现状而不思变革。因为这样的习惯,导致我们所提供的大部分服务,还是没有被大多数人所利用。但是要想满足已有读者与隐性读者的需求并不容易,受限于经济和空间,图书馆不能将每个人所想要的每本书都带到他们的身边,这是传统阅读与读者需求难以调和的矛盾,即便通过实体的服务,也很难和他们建立联系。目前,很多基层图书馆正在尝试提供各类需求驱动的馆藏构建计划,将现有读者的需求较多的文献资料找出来,这将解决一部分采取传统阅读习惯的人的需求。

四、提供全方位的服务

全方位服务,指为满足当今读者的需求和愿望而不断调整自己,图书馆无论何时何地都能够向读者提供其所需要的信息,并保证消除使用或重用图书馆的任何障碍。包括专业服务与个性服务、实体服务与虚拟服务。基层图书馆可以利用其独特的地位,与资源提供商取得平等的合作关系,从而实现全方位的服务。从网上书店的按需定购,到馆际互借,再到与高校图书馆的共享资源,从送书上门服务到更多的电子文献资源的个性定制服务,实现阅读最大化的读者需求。对于广大基层图书馆而言,无论是传统阅读还是数字阅读,均不应将之对立或割裂开来。在读者的阅读习惯发生渐变时,图书馆更应建设、保存好已有文献资源,兼容并蓄,让各种不同的阅读方式在图书馆里都能得到尊重与实现,让读者在图书馆服务和利用服务的方式上能够更好地与人分享。只有这样,才能顺应阅读发展的需求,而不至于随波逐流。

图书馆承载着"知识的撷取与传递"的任务,以服务广大读者,特别是弱势读者,谋求社会和谐为最终目的。人类的阅读历来与社会的发展变化相伴随,从辩证的角度看,变化势在必然而且顺理成章。上海图书馆馆长吴建中说:"如果图书馆只是把目光放在印刷型资源的话,那么图书馆就不能再叫作知识中心了,因为在现代社会很多东西一开始就是以数字化形式出现的。今天,数字化已经影响到社会生活的方方面面,难道我们还要错过这个时代给我们留下的极为丰富的智慧与财产吗?"我们既不能拒绝数字阅读,更不能废弃传统阅读,因为这是一个纸质阅读与数字化阅读并存的时代。

无论是驻留于纸质文献上的传统阅读,还是痴迷于网络、手机等载体的数字阅读,基层图书馆都应该为读者不断产生的多样化需求提供服务,任何服务只要能够成功地传递给读者,得到读者的认可,并把所思所获反过来与图书馆共享,就是成功的图书馆服务,也体现了现代图书馆在面对人们阅读方式渐变时的立场。唯其如此,我们的图书馆才能在日进日新的公众阅读生活中扮演不可或缺的重要角色。

第十三章　基层图书馆资源共享联盟探索
——独乐乐与众乐乐

第一节　图书馆资源共享建设现状与发展趋势

我们认为,基层图书馆的一项最基本的任务,通俗一点表达,就是将采购入藏的纸质图书尽量让读者循环借阅,直至"读破万卷书"。倘若如此,那么馆藏纸质文献作为一本书的生命完全可以圆满地画上句号,也意味着文献价值得到完整的体现。基于上述观点,近几年来,晋江图书馆千方百计扩大读者活动的受众范围,千方百计宣传图书馆优质的免费资源,千方百计创造条件让更多的公众平等、便捷地使用图书馆资源。通常情况下,实现图书馆资源利用的最大化,主要是依靠策划各种各类读者活动扩大宣传,依靠送书上门服务,依靠将服务点布及城乡之间。上述做法固然是好举措,但也不可避免地造成一些弊端,如文献利用效率低下,图书馆资源重复建设,以致造成资源的大量闲置与浪费。这其中的原因众多,主要根源在于各类型图书馆之间的行业条块分割。

长期以来,图书馆类型之分细之又细,从行业上分有高校图书馆、中小学图书馆、部队图书馆、党校图书馆、医院图书馆等;从服务范畴上分,有公共图书馆、私人图书馆、社区图书馆、专题图书馆等;从行政区域上分,有国家图书馆、省级图书馆、市级图书馆、县级图书馆等;从服务读者类型上分,有少年儿童图书馆、残障人士图书馆、老年大学图书馆、企业职工图书馆等;从专业上分,有法律图书馆、医学专题图书馆、艺术博物图书馆等,这样的划分虽然为图书馆在文献采访、馆藏计划、人员管理等方面带来了很大的便利,但也因限定了图书馆具体的服务区域、服务对象甚至服务模式,致使图书馆之间形成一道无形的屏障,也在读者的心理空间里竖起一面难以逾越的壁垒。上述现实情况,既阻碍了各类型图书馆之间的交流与合作,也不利于读者对图书馆资源的便捷获取。

我们注意到,在《联合国教科文组织公共图书馆宣言 1994》(UNESCO Public Library Manifesto 1994)中指出,"公共图书馆是地区的信息中心,它向用户迅速提供各种知识和信息","各年龄群体的图书馆用户必须能够找到与其需求相关的资料。公共图书馆必须藏有并提供包括各种合适的载体和现代技术以及传统的书刊资料。重要的是馆藏和图书馆服务是否具有高质量,是否确实满足地方需求、适合地方条件。"

该文件并于"拨款、立法和网络"一节中更为明确地阐明:"公共图书馆的网络设计必须考虑到与国家图书馆、地方图书馆、研究图书馆和专业图书馆,以及大中小学图书馆之间的关系。"

一些国家经过多年的探索,形成了若干行之有效的办法,以消除不平衡,实现图书馆文献资源共建共享。但在国内,各类型图书馆之间仍然存在各自为政、资源重复建设、服务非均等化等现象,图书馆网络体系的效果尚不尽人意,这其中最大的障碍是长期以来各图书馆系统之间形成的条块分割。那么,是否可以突破这种横亘在图书馆物理空间与读者心灵距离之间的樊篱,真真正正让各种类型的图书馆之间互联互通、共建共享,实现由各图书馆的"独乐乐"到面对所有读者的"众乐乐"的转变呢?

当前,在多元化的网络环境下,无论是基层图书馆、省市级图书馆,还是高校图书馆、中小学图书馆,如何破解传统的壁垒,建设资源共享联盟,实现资源利用与社会效益最大化,既是一个亟须面对的重要课题,也是一个必须要面对的发展趋势,现实意义不言而喻。

第二节　国内外图书馆共享联盟模式分析

目前,国内外图书馆的共享联盟模式主要有 4 种,即"书目数据共享协作网络"模式、"文献资源共建共享协作网"模式、"资源联合采购"的模式与"联合图书馆"的模式,前两种发端于国内图书馆界,后两种则为国外图书馆界所推崇。

一、"书目数据共享协作网络"模式

比较典型的是广东省,产生背景主要基于图书馆自动化集成系统的兴起。但该系统仍然是高校图书馆与公共图书馆各自为政,一分为二,即公共系统的图书情报网络和高校系统的图书情报网络。前者的中心任务在于为各成员馆安装统一的自动化集成系统并联网,同时成立书目数据中心,开展联机编目服务,后来又在原有的图书馆协作网基础上升级建设了电子图书馆网络。而后者的主要功能则是为高校图书馆联机编目与采购、馆际互借、书目数据库建设与管理、联机查询与检索等提供服务,后来又建立起广东省高校文献信息网络系统,实现全广东高校广域网联机编目和书目信息资源的共享①。

二、"文献资源共建共享协作网"模式

国内的图书馆联盟研究始于 1999 年,实践则更早些。以上海地区文献信息资源共建共享协作网为例,该协作网始建于 1993 年 11 月,联合了上海地区高校、科研、情报和公共图书馆等 4 大系统图书馆,首次打破国内图书馆系统的壁垒,实施共建共享。其主要任务是实现各成员馆之间的文献查询、馆际互借、阅览与复制,以及针对外文

---

① 沈文柱.最新图书馆信息采编与图书情报实用技术大全［M］.新疆人民出版社,2004:1137 – 1138.

资源的联合采购。6年后,在原有协作网的基础上又实施了"信息平台""文献采购协调"与"信息服务与人才培养"三大举措,扩大了共建共享的范围,有效地推进了上海图书馆协作网内各成员馆之间在文献采购协调、计算机网络与数据库建设、馆际文献资源互借、网上资源共享和人才培养上的共建共享进程①。

三、"资源联合采购"的模式

这种图书馆联盟共享共建的指向非常明确,仅提供较为单一的服务,主要在资源采购与借阅咨询方面,联盟成员馆之间缺少更深层次的共享服务。如"德国公共图书馆采购中心",是一个公益自助性机构,由公共机构出资兴办,以股份有限公司的形式存在,为全德国图书馆提供诸如馆藏建设与图书著录、文献装订与修补、图书馆家具布置等配套服务。服务对象并不限于公共图书馆,还包括学术图书馆与学校图书馆。其优势是基于节约成本考虑,立足于图书馆的实际需求,提供高度专业化的产品与服务,有助于各参与图书馆合理开展工作,寻求更理想的解决方案②。孟加拉国际网络科学出版可用性及增强信息研究计划图书馆联盟(BIPC)与肯尼亚图书馆与信息服务联盟(KLISC)等采取的"图书馆联盟电子资源联合采购模式"与之类似,其出发点基于不同系统的图书馆联合体足以对电子资源供应商形成强大的议价能力,从而达到以最低成本采购到优质电子资源,实现资源成本效益最大化③。另外一种的专题共享服务主要是文献借阅与咨询方面,此类联盟较为少见。如美国阿肯萨大学某分校图书馆向当地社区开放,向校外成年读者提供馆内数据库查询和资料外借等有限服

---

① 沈文柱.最新图书馆信息采编与图书情报实用技术大全[M].新疆人民出版社,2004:1137 – 1138.

② 沈国琴.德国公共图书馆采购中心(EKZ)简介[J].图书馆论坛,1997(4):75 – 77.

③ 吴进琼.国外图书馆聪明电子资源联合采购模式解析[J].图书馆学研究,2013(12):77.

务。又如美国旧金山圣何塞市的马丁·路德图书馆,为州立高校图书馆与市立公共图书馆的共同体,但实际上除纸质文献不分彼此外,其他服务各自为政,诸如持证读者分两类,馆员与行政各自为政,电子文献及数据库互不相干①,等等。

四、"联合图书馆"的模式

"联合图书馆"的称谓最早可追溯到20世纪30年代的新西兰,当时由地方图书管理部门提供各项支持,以单独兴建、服务各方的联合图书馆形式面世,严格地说是一种学校图书馆与社区公共图书馆共建共享的联合型图书馆。后来南非、加拿大、英国的联合图书馆均属此列。联合图书馆主要面对的是资源较为匮乏的偏远农村学校或社区,在其难以独立建立一个功能齐全的公共图书馆的情况下,以政府投资为主,统筹优化学校、社区、农村的各种资源搭建起来。联合图书馆既要承担传统图书馆的文献借阅、信息咨询等各项服务职能,又要创新资源提供的方式与载体,满足不同群体的个性化需求。如南非联合图书馆为学校各年级学生制订课外学习计划,马来西亚联合图书馆联网丰富的数字资源以服务农村学校师生。作为一种主要服务农村(社区)与学校的图书馆服务模式,联合图书馆在优化资源配置、践行终生学习与促进城乡文化均衡发展上发挥了不可估量的作用②。

第三节　晋江市不同类型图书馆的情况调查分析

我们组织对晋江市3种类型的图书馆进行问卷调查与实地调研,

---

① 刘正福.旁论杂议:也谈高校图书馆对"外"开放问题[J].图书馆论坛,2014(4):2-3.

② 邓蓉敬.学校社区共建共享联合图书馆——国外农村公共图书服务均等化服务模式与启示[J].图书馆工作与研究,2014(1):55-56.

分别是公共图书馆、民办高校图书馆与中学图书馆,主要从文献资源建设、人力资源、经费来源等3个方面进行考察。

一、文献资源方面

公共图书馆馆藏资源比较多样化,既有数量可观的纸质文献,尤其是地方文献等特色文献,又有丰富的数字资源,还有形式多样的读者活动资源,不足之处是专业类文献较少。如晋江图书馆现有纸质文献70万册,其中地方文献及特色文献近21 600册,另有数字资源总量25TB,以及共享全国文化信息资源共享工程国家中心与文化信息资源福建省分中心的数字资源共235TB,每年举办的读者活动超过180场次。

国家对高校与中学图书馆的文献资源建设均有具体规定,按教育部《普通本科学校设置暂行规定》,"普通本科学校生均适用图书,理、工、农、医类应不低于80册,人文、社会科学类和师范院校应不低于100册,体育、艺术类应不低于80册。各校都应建有现代电子图书系统和计算机网络服务体系。"高校图书馆纸质文献与数字资源均较为充裕,但往往以学科建设为依据来设计配置馆藏,研究型文献为主,专业性文献居多,外文资源也相对丰富。尽管按教育主管部门评定的示范达标中学图书馆标准为"生均配备图书标准:Ⅰ类初中40册、Ⅱ类初中25册;Ⅰ类完中45册、Ⅱ类完中30册;Ⅰ类高中50册、Ⅱ类高中35册",但由于资金不到位,多数中学图书馆在馆藏文献建设上求量不求质,普遍存在文献陈旧、复本数多、更新率低以及低折扣书居多等特点。以晋江市中心区域5所中学图书馆与两所民办高校泉州理工职业学院、泉州轻工职业学院图书馆为例,前者馆藏纸质资源最多13万册,最少不到6万册,而且以学科参考读物为主,电子图书最多2万册;后者馆藏纸质资源最多40万册,最少22万册,数字资源则较少。另外,高校与中学图书馆除配合学校宣传教学工作之外,几乎不开展针对读者的活动。综上比较,三种类型图书馆的文献资源建设情况一目了然,高校图书馆与公共图书馆馆藏量较大、种类较全,中学图书馆馆藏量少且种类单一。

二、人力资源方面

基层公共图书馆受限于人员编制总量控制、人才培养模式僵化等原因，人力资源现状与发展水平均不尽人意。以晋江图书馆为例，现有中高级职称 15 人，占总人数的 15.7%，主要专业方向为地方文献研究、图书馆学、计算机与中文等。高等院校与中学因为学科类别多样化，均有较强的人才与技术优势，可以有效地弥补所在区域公共图书馆人力资源的短板。经过对晋江市中心区域五所中学与两所民办高校调查分析，前者共有教师总数 919 人，其中获得中高级专业技术职称有 625 人，占总人数的 68%，具备心理咨询、外语、机器人设计、摄影技术、文学创作、绘画与乐器等专业的培训教学能力；后者教师总数为 515 人，仅具有高级专业技术职称就有 41 人，而且有为数不少从北京大学、台湾大学、厦门大学等全国重点高校选聘具有丰富教学经验的骨干教师和硕士、博士研究生，设有电子信息技术、数字传媒、艺术设计、动漫设计、服装鞋类设计、广告创意、电子商务等多种特色专业。由此足见，晋江区域内图书馆、高校、中学人力资源的存量相当可观，而且专业学科特色比较丰富，仅需搭建一个人才人力资源的整合与利用平台，将分散在各公共图书馆、高校与中学的师资、专业技术人员集中起来，分类建档，进行统筹调配与合理利用，必将产生巨大的凝聚力与影响力，既可为晋江区域内的各类型图书馆自身的事业发展实现资源互补，又可为广大读者提供科研服务、定题研究、咨询辅导、读者讲座等多种深层次的服务工作。

三、经费渠道方面

公立高校图书馆经费较为充足稳定，设备添置更新与文献资源购置基本不存在困难。民办高校图书馆经费普遍较紧缺，每年的文献入藏量难以保证。如晋江的两所民办高校泉州理工职业学院与泉州轻工职业学院均无专项购书经费之说，图书馆每年的文献更新购置经费以民营企业的拨款及学校的经费存额为依据，或者借学校参与教育部评估之机而获得经费,多则两三百万,少则三五万。

公共图书馆经费来源为财政全额拨款,一般有专项的文献购置经费,能保证稳定的文献入藏量与更新率。如晋江图书馆 2015 年的专项购书经费为 450 万(其中含台湾文献专项经费 50 万),重要的大型文献的购置经费不列入该专项,尚可另行申请拨给。

中学图书馆的经费与民办高校图书馆相似,大多没有专项文献采购经费,因此其文献的更新速度较为缓慢。即便在民营经济非常发达的晋江,占据全市丰富的教育教学资源的市中心 5 所中学图书馆,均无明确的专项购书经费,每年多则 10 万,少则 3 万—5 万经费用于零星的文献购置。综上,三种类型图书馆的经费因来源渠道之不同,差异颇为悬殊,公共图书馆一般呈现稳中有升,民办高校与中学图书馆则难以保证。

网络环境下的现代图书馆,长期以来形成的行业规则与条块障碍,不仅在物理空间上有内外之分,还存在着诸如经费渠道、财产权、校园安全、服务对象与方式等诸多方面的问题。既难以满足读者的多元化需求,也束缚了图书馆事业的发展。

第四节　晋江市图书馆共享联盟模式的实践

以晋江市图书馆共享联盟为例,该联盟旨在通过合作与协调,将分散的、隶属关系不一的各级公共图书馆、高校图书馆与中学图书馆联合成相对固定、联系紧密的共享型联盟,通过"技术 + 管理、整合 + 服务"的集群化管理模式,以"统一规划、统一平台、凸现特色、共享资源"的总体要求,实现全市公共图书馆、高校图书馆和中学图书馆的文献信息资源共建共享。主要有以下两种模式:

一、互设分馆模式

该模式适用于高校图书馆与公共图书馆之间,即高校图书馆与公共图书馆双方互为分馆。模式的建立基于校地融合的理念,而且二者之间的文献资源拥有量比较接近,又各有侧重,互为分馆既有利于文献的互补共享,又避免资源的重复建设。以晋江图书馆与泉州理工学院图书馆为例,双方于 2013 年互设分馆,即晋江图书馆泉州理工学院分馆和泉州理工学院图书馆晋江分馆。其主要特点为:

一是双方在技术层面上建成数字图书馆门户和服务集成,整合现有的文献资源和服务,达到文献资源共知、共建、共享的目的;建立技术联盟,实现技术共同保障。

二是双方在服务层面上形成图书馆联合服务模式,将各自的文献资源向对方开放,建立馆藏纸质、电子资源联合目录数据库,实现馆际区域内文献资源一站式检索、文献通阅传递服务、图书借阅"一卡通",同时对全市读者开放,实现通借通还。在条件允许的情况下,不断提升数字资源的存储、传输服务能力,逐步开展延伸服务,提升文化信息服务能力。

三是双方在充分考虑各自文献资源优势的基础上,节约经费开支,优化文献资源配置,合理分工,相互补充,保持特色,提高文献利用率。大部头工具书、外文文献和文献数据库的采购,采取分工采购与集体采购相结合的方式,不断提升文献资源的共建规模,逐步建立各有特色的文献资源体系。

四是加强共建共享工程服务队伍建设,提高服务能力。双方积极组织相关专业技术人员参加上级主管部门举办的培训班。高校图书馆充分发挥人才、技术方面的优势,定期为公共图书馆提供业务培训及技术指导,协助建立资源数据库,指导自动化管理方案的制订,并帮助解决设施、系统运行中遇到的技术难题。

五是高校图书馆可在公共图书馆内设置"德育基地"和"社会实践基地"。在遵守公共图书馆相关管理制度的基础上,根据高校图书馆的教育教学需要,定期选派志愿者来公共图书馆协助工作,或组织师生在公共图书馆开展社会实践活动。

作为校地合作共建的重点项目,该模式以其巨大的合力,推动全市教育文化事业的发展。高校中浓厚的文化氛围有助于提高市民的读书兴趣,促成终身学习习惯的养成,进一步提升全民文化素养;而对于师生而言,则可通过读书与市民在文化层面上进行交流,加深理解与弘扬地方优秀传统文化。

二、直接加盟模式

该模式直接将中学图书馆作为公共图书馆的分馆来建设。前提条件是既不改变行政隶属,亦不改变人事与财政关系,建立连接公共图书馆和中学图书馆的纵向联合服务组织,实现公共图书馆与中学图书馆之间的文献信息资源共建共享。2014 年,晋江图书馆分别与 5 所条件较好的城区中学图书馆签订分馆建设协议。该模式的优势主要体现在:

一是建立统一的图书管理系统和书目数据库。图书馆服务联合体借助统一的业务数据库,将各成员馆分散的书目数据、馆藏数据整合到同一平台上共享,并试行统一的编目办法。

二是各成员馆共享中心图书馆(即晋江图书馆)计算机管理软件与硬件设备,文献资源共建共享。

三是建立统一的培训平台,每年举办 1—2 期全市中学图书馆工作人员培训,通过馆际业务交流机制、合作研究、不定期选派馆员等方式,提升馆员的个人素质和服务能力。

四是共同策划举办多领域多层次的读者活动、讲座以及论坛,以提高各自服务范围内文化、教育、人才等资源的利用率。

五是在中心图书馆设置中心城区各中学"德育基地"和"社会实践基地",在遵守中心图书馆相关管理制度的基础上,各中学可定期组织师生来中心图书馆开展社会实践活动。

在本模式中,加盟中学图书馆在 Interlib 系统中以分馆形式体现,既有独立的财产标示与财产单独管理,又有独立的整套的采编等功能,与其他图书馆如高校图书馆分馆平级。但基于中学校园安全考虑,本模式中的"通借通还",仅单方面对校内师生开放,不对校外读者开放。

无论是互为分馆模式，还是直接加盟模式，促成全方位的共建共享应解决两个方面问题：其一，建设一个统一的物流配送系统，包括中心调配书库与物品流通平台，用于整合调配各成员馆之间的资源，诸如纸质文献、展览展品等，该平台统一交由第三方来运营。其二，本模式的建设分两步走，第一步先搭建起高校图书馆与公共图书馆联盟，成熟运作一年后，积累了足够丰富的资源共享与实践经验后，再实施第二步，即与中学图书馆建立联盟，自动纳入先期与高校图书馆联合建立的共建共享网。

第五节 进一步推动区域性资源共享联盟建设的措施

无论是国外的图书馆联盟或单一专题服务的联合模式，还是国内的协作网，多止于有限的共享共建，有的甚至仅提供本系统里的共享，尚有不少领域未曾涉足。下一步，如何进一步推动区域性资源共享联盟建设，亟须从以下3方面进行优化与提升，促使区域性公共文化服务体系资源利用与社会效益的最大化。

第一方面，在文献资源建设上，建立一个区域文献资源整合平台。该平台包含一个馆藏文献联合目录数据库与一个图书馆文献资源采购网络。前者要求区域内各种类型图书馆将馆藏目录数据无条件地上传到联合目录数据库，供各类型馆使用，据此优化区域内所有馆藏文献的资源配置，实现馆际间的文献资源检索、文献通阅传递的一站式服务。后者由当地财政部门牵头组织实施，以各类型图书馆为成员单位，按"均衡发展、凸显特色、各付其资、各取所需"的原则，采取分工采购与集体采购相结合的方式，逐步建立各有特色的文献资源体系。图书馆文献资源采购网络的建设既可对资源提供商形成巨大的议价能力，避免文献资源的重复建设，又可形成资源建设的特色化与互补性，提升文献资源的共建共享规模。

第二方面，在专业技术队伍建设上，由当地主管人事的政府部门如公务员局、编制办公室等牵头，按学科类别、专业背景、学术研究方向、兴趣专长等，对区域内各类图书馆的专业技术人员进行分门别类造册登记，建设一个覆盖全区域各类型图书馆的专业技术人才库，并建立相应的专业人才数据库，将原本隶属于各类型图书馆的人才汇聚起来，利于管理与发挥人才与技术的优势，服务区域内所有读者。与此同时，建立统一的人才培训与调度平台，按"管理上独立、使用上共享"的原则，由人事主管部门定期组织人才培训、进修与调配，通过馆际业务交流机制、合作研究、互派馆员等方式，提高专业技术人才的服务能力，共建共享专业技术服务队伍建设，实现人才队伍建设模式形式多样化、内容专业化与体系系统化。

第三方面，在服务系统平台建设上，由当地文化主管部门与教育主管部门共同发起建立图书馆联盟云服务系统，该系统以公共图书馆为中心馆，以各公共图书馆分馆、高校图书馆、中学图书馆等为分馆，整合各种服务模式、服务资源，形成统一的图书馆管理与服务流程管理系统，向区域内读者提供包括"一馆办证、任意馆通借通还"、读者活动资源共享等服务，同时针对各分馆的工作业务特点与技术实力配给相应的分馆权限，保证区域内图书馆服务资源的共建共享。另一方面，通过设立文化与教育主管部门的联席会议机制，及时解决区域内图书馆在读者服务过程中出现的问题，消除各类型图书馆在服务上的壁垒与盲区，促使图书馆服务流程的标准化与规范化，实现图书馆服务的均等化、图书馆效益的最大化。

综上，我们认为，区域内的共建共享并不止于各类型图书馆之间，而应扩大至公共图书馆与各中学、院校之间。晋江市图书馆共享联盟模式即以实现全方位的共享共建为己任，发挥各系统图书馆的群体优势，推进图书馆间的多项服务和资源共享，为全市各类型读者提供优质、便利和均等化的图书馆服务。实践证明，全方位实现资源共享、优势互补的图书馆联盟模式，既可避免资源重复建设，又可实现资源利用最大化。该模式运行两年多来，市民读者与学校师生借还图书较上两年同期增长 24.3%,共同举办大型读者活动 11 场次,联合采访编目超过 56 万条,取得良好的社会效益,初步形成以晋江市中心图书馆为原点的半小时文化生活服务圈,并将服务延伸辐射到中心城区周边的村镇社区,对营造全民阅读氛围起到积极的推动作用。

第十四章　新型城镇化建设与基层图书馆发展
——以馆为本与以读者为本

党的十八大提出要加快新型城镇化建设,这是一个高瞻远瞩的战略部署。一个城市"新型"与否,当以是否实现"人的全面发展"为根本。新型城镇化的内涵,就是注重以人为本——人的全面发展和幸福是城镇化的终极目标。推进城镇化,核心是人的城镇化,城镇化未来将成为中国全面建设小康社会的重要载体。对于公共文化建设而言,新型城镇化建设的一个重要内容是,传承自身的文脉,重塑自身的特色。没有自己的文脉,形不成自己的特色,自身优势就无不发挥。那么,在城镇化建设这一重大决策的实施进程中,作为城市公共文化重要组成部分的基层图书馆事业,如何在读者服务、资源建设、活动策划等方面,主动融入新型城镇化建设的发展战略;如何进一步将以"读者"为本的服务理念,更彻底地体现在图书馆服务的每一个层面;如何以创新的理念在图书馆事业发展过程中把握好"新"字;这是新常态下基层图书馆亟须面对与探索的题中要义。本章试就上述命题展开探讨,以解读与剖析案例为主,以期从中得到领悟与启发。

第一节　新型城镇化建设关于公共文化的解读

所谓"新型城镇化",就是"坚持以人为本,以新型工业化为动力,以城乡统筹、城乡一体、产城互动、节约集约、生态宜居、和谐发展为基本特征的城镇化。"①从概念上解读,新型城镇化就是要摒弃过去那种片面追求空间扩张、规模扩大、拆旧建新的发展模式。对于公共文化建设而言,新型城镇化的"新",关注的是文化内涵上的"推陈出新",文化服务上的"优化创新",文化追求上的"贴近民意",文化传承上的"保护利用"。也就是说,新型城镇化的"新",就是要注重内涵提升、实绩实效与可持续发展,即"以提升城市的文化、公共服务等内涵为中心,真正使城镇成为具有较高品质的宜居之所。"

　　无可厚非,新型城镇化建设是我国当前乃至今后一段时期的重要战略之一。这其中,公共文化建设是其中的一项重要组成部分。但一个不争的事实是,20 世纪末和 21 世纪初,在 GDP 的驱使之下,举国上下掀起拆旧建新的城乡改造运动。在这场运动中,不少城乡公共文化空间被挤压、推倒,甚至消亡。在推土机面前烟消云散的,不仅仅是那些古色古香的老房子、老街区,不仅仅是那些乡土文化场景如戏台、祠堂、家庙、骑楼,甚至连那些珍贵的纸质文献以及非物质文化遗产,诸如戏曲、童谣、杂技、木偶、民俗等也随之遭受严重损失。于是,拯救与重建公共文化成为全社会的共识。图书馆作为地方公共文化建设的重要组成部分,以保存人类文化遗产、开展社会教育与传递科学情报为己任,理所当然成为城镇化建设中一支不可或缺的生力军。于是乎,仿佛一夜之间,一座座崭新的图书馆大楼出现在公众的视野里,面积从七八千平方米到一两万再到三五万甚至六七万平方米,屡屡刷新公众的眼界。在风起云涌的图书馆建设热潮中,我们不禁要发问:究竟是为民建馆还是政绩工程? 是简单的拆旧造新,还是真正意义上文化重建呢?

---

　　①　张荣寰. 生态文明论［EB/OL］.［2014 - 10 - 12］. http://www. 360doc. com/content/14/1012/10/19794749_416259611. shtml.

第二节　新型城镇化建设中基层图书馆的发展策略

2014 年,晋江市被国务院列为全国首批新型城镇化综合试点城市,在城镇化建设的实践探索中,晋江市突出"新"字,写好"人"字①,在图书馆等公共文化服务上推进"四化"建设,促使图书馆资源与服务的均衡发展、共建共享、普惠民生。

一、资源配置一体化

公共图书馆的"公共"指什么,图书馆究竟为谁而建? 我们可以从图书馆的资源配置上找到答案。通常中心城区图书馆资源的配置较为丰富,愈是郊区愈边远则愈匮乏。资源配置的不平衡与新型城镇化要求的"城乡一体化"背道而驰。解决这一问题,一要以财政投入的均等化,推进资源配置的均等化,从而促使图书馆服务的均等化;二要合理规范配置城镇图书馆资源,促进基层图书馆事业一体化发展。晋江市陆域面积仅 649 平方公里,县域经济基本竞争力长期位居全国百强县第 5—7 位。但由于受制于经济发展水平与交通条件,城镇之间图书馆等公共文化服务发展并不平衡,城区(社区)优于镇(村),个别镇(村)甚至存在只建不用或文化协管员缺失且素质参差不齐的现象。因此,除了加大市级财政的投入,镇级财政也承担一定比例的投入,全市一盘棋,突出市镇联手、同城同步、统筹协调、共同分担,推动城镇图书馆资源一体化、均衡发展。搭建由城区中心图书馆、少年儿童图书馆、镇级图书馆、企业图书馆、学校图书馆、村(社区)图书馆(图书室)、24 小时街区自助图书馆等组成的图书馆立体服务网络,网点遍及全市 19 个镇(街道),以均衡配置的网点建设促进图书馆服务延伸,

---

①　刘文儒. 突出"新"字　写好"人"字——晋江推进新型城镇化的实践路径[N]. 学习时报,2015 – 01 – 12.

让新老晋江人,无论本地、外来,均能享受到同等的图书馆公共文化服务。

二、图书馆服务品牌化

地方政府、文化主管部门应该充分考虑公众的文化需求,增强公共文化发展动力,培育与促进图书馆等文化服务品牌化。同时,积极发展与公共文化服务相关的教育培训、艺术展览、文化创意等,满足城镇化进程中群众多样化的文化需求。例如晋江以举办晋江市"悦"读节为载体,统筹协调政府、企业与社会资源,突出互动联动,推动图书馆文化服务的品牌化与常态化发展。每年1月向全市征集活动的主题,从2月开始举办至年底总结汇报,历时一年,迄今已举办5届。按服务对象、活动主题与内容等设计策划项目,如面对全市少年儿童的"一生阅读计划"推广活动;针对外来建设者的"大美晋江·我的第二故乡行";针对机关干部的"书香工程"活动;面对在校师生的"高雅文化进校园";以地方传统文化为主题的"馨享图书·乐飨美食"与"乡曲伴我成长"闽南歌谣习唱与展演;推广传统文化的"明韵汉风"古典家具鉴赏与汉服展示,以及"艾草飘香·歌谣传唱"青少年端午诗会等活动。形式丰富多彩,不拘一格,有文艺采风、国学讲堂、外语沙龙、掌中木偶表演、艺术展览、课本剧演示、微电影评选、民乐与杂技演出等各种形式。实现周周有活动、月月有主题,举办地点不局限于一地一馆,而是走入社区、村(居)、学校、企业,将图书馆文化品牌服务向基层流动,立体、多元、全方位地满足群众对图书馆等公共文化产品的多样化需求。市民从观望到参加,从被动接受到主动融入,从满足于欣赏到提创意出点子,将图书馆文化消费变成日常生活中不可或缺的一部分。

三、文化建设特色化

不同地区有不同的地域传统文化,在城镇化过程中应加强对具有地域特色、民族特点的传统文化资源的保护和利用,维护地方文化的多样性。近年来,晋江市实施 4 大文化项目,突出根脉文脉,推动地域文化特色发展。一是设立台湾文献专题资料库。晋江东临台湾海峡,离金门仅 5.6 海里,祖籍地晋江的台胞有 100 多万人。晋江图书馆依托独特的对台区位优势,发挥地缘相近、血缘相亲、文缘相承等的优势,在中心图书馆设立台湾文献专题库,侧重收藏有关晋台关系的文献,市财政每年还拨给 50 万元专项经费用于文献更新与二次利用。二是谱牒收藏馆建设。晋江有 200 多万海外侨胞,分布在世界各地。因此,开展族谱收藏工作意义非凡,既可留存"摇篮血迹"记忆,又为海内外晋江人寻根谒祖提供最有温度的帮助。目前已收集 1188 册 76 个姓氏族谱。同时成立晋江市谱牒研究会,每年开展海峡两岸族谱文化交流活动,增进两岸同源同根的文化认同感。三是海外晋江籍华人著述库建设。晋江海外华人群体庞大,著述颇丰,但因疏于整理,散佚良多,启动该项目旨在以文献形式再现海外华人的生活与思想,激发"新生代"华侨的故园情怀。四是启动《晋江文库》编校出版工程。晋江素有"海滨邹鲁""千人进士县"之誉,历史上晋江人著述多藏于各地图书馆、档案馆及民间私人手中,晋江图书馆通过组织专家学者整理、点校、勘误、出版,加强对文化遗产的保护和开发,延续文化脉络,传承优秀传统文化。

四、服务外来人员平等化

在新型城镇化建设中,晋江将外来人员纳入基层图书馆服务范畴,平等均衡地保障其基本文化权益。晋江市民营经济发达,在经济总量中有"三分天下占其二"之说,1000 人以上的企业超过 800 家,产业工人队伍巨大,特别是推行居住证制度以来,户籍人口达 109.02 万,外来人口常年保持在 130 万左右,晋江已成为一个名副其实的移民城市。为保障这一庞大群体平等、均衡与便捷地共享图书馆等公共文化服务,在公共文化建设中,政府强化主导责任,突出融入融合,统筹联动规划,搭建一个机制一个平台,推动外来人员均等化享受图书馆等公共文化服务。一个机制,即"政府主导、企业共建、社会参与"的文化服务机制,将外来人员的文化服务经费纳入常住地公共文化经费统筹管理①。同时,强化政府对社会力量的统筹,多渠道筹资,多主体投入,多种所有制并存,引导企业、社会参与图书馆等公共文化资源建设。晋江图书馆自 2011 年建成第一个企业图书馆分馆以来,至今已建立企业图书流通点 35 家。一个平台,即由市财政投入 2100 万元建设"一公里半径"城市图书馆群,以"全市一个城"的构想,将全市高校、中学、企业、镇(社区)的图书馆纳入以晋江图书馆为中心的公共文化服务网络一体化建设,建立统一的物流配送系统,统筹调配全市图书文献资源,实现全市文献通借通还、资源共建共享,将 24 小时街区自助图书馆建在工业园区,在企业里设图书室、电子阅览室、文化信息资源共享工程基层服务点,到外来务工人员集中的企业、镇村(社区)播放电影、文艺演出、开展培训,让外来人员足不出户即可享受到便利均等的图书馆等公共文化服务。

第三节 新型城镇化建设中基层图书馆的发展愿景

毋庸置疑,新型城镇化建设不是一项一蹴而就的工程,而是对亿万群众现有文化休闲生活的质的提升。因此,应将城镇化建设与基层图书馆等公共文化建设通盘考虑,统筹谋划,同步推进,相得益彰。

一是立足规范化与标准化,杜绝求大求新与重复建设,避免资源的过于集中与浪费。基层图书馆等公共文化设施的建设应与新型城镇化空间布局紧密衔接,并与城镇化同部署、同推进、同考核,推进一体化与均衡化发展。

二是立足本土化与特色化,反对"千城一面"的审美追求,注重培育亮点、凸显特色,让区域文化、特色文化争奇斗艳。若一味破旧立

---

① 麦敏华.公共图书馆外来劳务工群体服务保障研究[J].图书馆工作与研究,2014(2):80.

新,摒弃传统,必将导致基层图书馆等公共文化事业丧失文化土壤的支撑。

三是立足长远与可持续发展,拒绝短期行为与形象工程。应把文化传承贯穿于新型城镇化全过程,延续与传承就是延续城市的文脉与精神。在新型城镇化建设中,应以打造"老字号""百年老店"的思维来推动基层图书馆等公共文化事业的可持续长远发展。

推进城镇化建设是中国乡镇社会现代化的必由之路,"没有文化跟进的城镇化是一个不彻底、不完全的社会转型,没有公共文化服务支撑的城镇化是一个不健康、不全面的社会变革。"①随着城镇化建设的加速推进,全社会对公共文化服务的需求必将愈来愈强烈,这为基层图书馆等公共文化事业的崛起带来了机遇,同时也赋予其新的职能与新的任务。基层图书馆作为公共文化服务体系中一个极为重要的组成部分,理应把握良机,精准定位,创造性地探索利民、便民的服务新模式,努力将自身深厚的人文积淀转化为发展动力和竞争优势,这样才能适应城镇化发展的步伐,也才能在提升国民整体素质上有所作为。

---

① 蒋跃进.新型城镇化与公共文化服务——服务机制创新研究[J].科学与财富,2013(12):33.

第十五章　政府主导型的全民阅读推广实践
——图书馆自主与政府主导

　　阅读,之于个人素质的提升,是必不可少的途径;阅读,之于一座城市的发展,是不可或缺的风尚;阅读,之于一个民族的复兴,则是无可替代的基石。因为"阅读可以强化文化认同,凝聚国家民心,振奋民族精神,提高公民素质,淳化社会风气,建构核心价值"①。2012 年以来,我国的阅读推广工作得到政府以及社会各阶层的高度重视;2014年,李克强总理在《政府工作报告》中首次提出要"倡导全民阅读",2015 年的《政府工作报告》再一次出现"倡导全民阅读,建设书香社会"等字眼,全民阅读已上升为国家重要发展战略。毫无疑问,我国的全民阅读已经开始迈入一个自觉自发的时代,自觉参与阅读,自觉推广阅读,自觉喜欢阅读。"阅读",这个温暖的语词理应成为我们日常生活中不可或缺的元素,就像柴米油盐酱醋那般的寻常。完成一次简单的阅读之旅,似乎轻而易举,而对于全民阅读推广的主阵地——基层图书馆来说,阅读推广工作并非一蹴而就,它需要时间的积累、创新的做法,以及经验的总结。如何实施全民阅读推广工作,让阅读成为公众的自觉行为,事关城市、国家的未来,事关中华民族的复兴之梦。本文以晋江为例,探析政府主导型全民阅读推广实践的经验与启示。

第一节　全民阅读推广实践的由来

　　全民阅读推广所从何来? 从"世界读书日"演变而来。所谓"世

---

① 朱永新.我们是否需要关于阅读的法律[N].中国青年报,2013 – 08 – 13(2).

界读书日"，全称为"世界图书与版权日"（World Reading Day or World Book and Copyright Day），又称"世界图书日"，最初创意源自国际出版商协会。直至 1995 年，才正式确定每年 4 月 23 日为"世界图书与版权日"，旨在推动更多的人阅读和写作。自此，全世界的图书馆均会在这一天举办各种各样的阅读推广活动，让阅读家喻户晓。

我国真正意义上的全民阅读推广活动，应该说始于 2006 年，中央宣传部、中央文明办和新闻出版总署为贯彻落实党的十六大关于建设学习型社会的要求，首次提出实施"全民阅读"这一重要举措。第一届全民阅读活动在中宣部、中央文明办、新闻出版总署、文化部、国家广电总局、教育部、解放军总政宣传部、共青团中央、全国总工会、全国妇联等部门的共同倡导下举办，自此全民阅读活动在全国各地蓬勃发展，活动规模不断扩大，内容不断充实，方式不断创新，影响日益扩大。

在接下来的几年间，在前期积累的全民阅读推广成果的基础上，中宣部、新闻出版总署继续会同中央文明办、教育部、民政部、文化部、全国总工会、共青团中央、全国妇联、解放军总政治部等部门，进一步在组织领导和协调上下功夫，促使全民阅读的内容与方法进一步丰富与创新，在全社会形成"阅读求知"的新风尚。

国内的全民阅读推广风起云涌，国外的全民阅读活动也正开展得如火如荼，尤其是在 21 世纪的第一个 10 年间，全民阅读工作取得巨大的成功。如英国自 2008 年起举办"全民阅读年"，当年就为该国公共图书馆带来了 200 万名新读者，激起全体国民的阅读热情；澳大利亚在"全民阅读年 2012"中举办活动超过 4000 次，吸引参与者超过 20 万人，成为全民阅读国家战略的典范；同样的，美国、新加坡等国家也早就将全民阅读定为国家战略。将全民阅读工作上升为国家战略的做法，作用主要在于"可以调动上至国家领导人、下至普通百姓的各方面力量来推动全民阅读活动"[①]。反观国内，多数城市的全民阅读推

---

① 黄晴珊.澳大利亚"全民阅读年 2012"概况与启示[J].图书馆论坛,2014(4)：141 - 142,143.

广工作的重担,更多的落在基层图书馆身上。显然,以级别小、平台低、资源短缺的基层图书馆作为全民阅读推广的主力,势必难以开展规模大、级别高、影响广的全民阅读工作。这是我国全民阅读推广工作目前存在的事实。

第二节 晋江市实施全民阅读推广的背景

美国作家富兰克林说:"读书使人充实,思考使人深邃,交流使人清醒",可见开展阅读推广活动是何其重要。而丰富的阅读活动最能体现公共图书馆的责任,体现着公共图书馆的主观能动性和创造性,一个地区公共图书馆读者活动开展得如何,往往决定了该地区的全民阅读文化建设。令人欣慰的是,近年来全国各地不断推出内容丰富、形式多样的读书活动,为营造"书香社会"发挥了巨大作用。福建省图书馆、深圳市图书馆、厦门图书馆、杭州图书馆等都开展了各种各样的全民阅读推广活动。这些行之有效的阅读活动,一方面在全社会正面塑造了图书馆形象,为取得各级政府部门对图书馆的支持创造了条件,另一方面也是公共图书馆充分发扬图书馆内在价值和精神,履行其所应担当的社会责任的应有表现。通过有组织的阅读推广活动,读者的知识视野得到拓展,思想情操得到提升,学习方法得到改进,阅读积极性也得到了调动,推动了全民阅读的向前发展,图书馆成了营造"书香社会"的主阵地与助推器。

晋江号称"中国品牌之都",民营经济非常发达,县域经济综合实力排名长期位居全国百强县市第5—7位。与经济发展不相称的是,公共阅读资源和设施的不足与不均衡,基层文化设施尤其是图书馆(室)数量少规模小、设备落后且利用率不高,村(社区)文化专兼职协管员配备不齐,以及阅读推广工作缺乏统一规划、组织保障和经费支持等。以1998—2007年10年间晋江图书馆文献总流通量数据来看,平均每年仅14万册。这对一个户籍人口过百万、外来流动人口长期保持在100多万的城市而言,阅读量之少、阅读水平之低下,可见一斑。

在这样的背景下,晋江将全民阅读推广上升为城市战略,从一开始就走出一条与众不同的路子,即"1个推广模式+1个活动平台+1个保障机制",将全市散沙式的公共阅读资源、参差不齐的图书馆服务集中统筹起来,形成巨大合力,调动上至城市管理者下至普通市民、外来建设者,共同推动全民阅读活动,使全民阅读推广活动制度化、标准化、规范化。

第三节 晋江市政府主导型全民阅读
推广实践的三大板块

近几年来,晋江市政府在全民阅读推广实践工作中既注重模式创新,又重视平台搭建,更注重机制建设,将全市的阅读资源有机整合起来,形成三大板块,合力推进全民阅读推广工作的可持续发展。

一、推广模式:家门口的阅读

实现公众广泛的阅读参与,确保平等享受文化权益,是全民阅读推广的基本出发点。近年来,晋江在图书馆(室)等资源空间布局上,构建一个全民阅读推广模式,实现"家门口的阅读"。该模式通过协调与合作,将分散的、隶属关系不一的各级各类图书馆、图书流通点组合成相对固定、联系紧密的共享型联盟,通过"技术+管理"、"整合+服务"的集群化管理模式,以"统一规划、统一平台、凸现特色、共享资源"的总体要求,构建空间上零距离、时间上不设限、服务上无差别的均衡服务模式,为全民阅读推广提供硬件保障与网络支持,全方位推广全民阅读。

1. 搭建全民阅读图书馆网络。市财政每年在投入常规经费的基础上,分两次投入2100万元搭建一个全民阅读图书馆网络——"一公里半径"城市图书馆群。以"全市一个城"的构想,以晋江图书馆为中

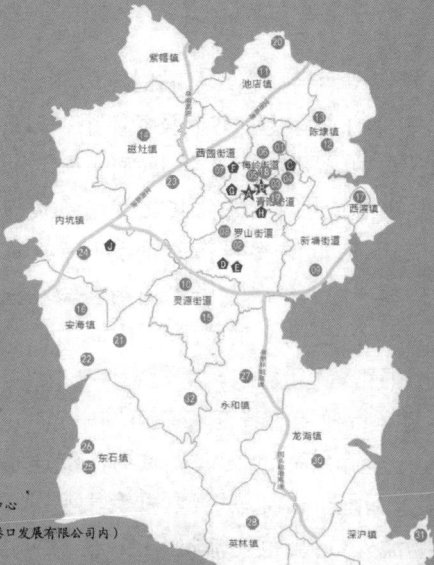

晋江市"一公里半径"城市图书馆群分布图（晋江图书馆提供）

心,以全市已有、在建和拟建的各级图书馆、图书流通点、街区自助图书馆为网点,辐射 1 公里服务半径内的镇(街道)、(村)社区、学校和企事业单位等服务区域,推进图书馆服务网络一体化建设,实现全市图书馆资源共建共享。

2. 推行文献资源通借通还。打破时空限制,晋江首次将学校图书馆(含高校图书馆)纳入公共图书馆服务体系,实现由晋江图书馆总统筹,以高校图书馆、中学图书馆、少年儿童图书馆、镇级图书馆、企业图书馆、街区自助图书馆为网点的公共文献信息资源共享服务,推行全市文献资源通借通还,同时整合借阅证类型,实现一馆办证、全市通用。这种做法打破了原有的公共图书馆与各级、各类图书馆之间的资源与物理空间的屏障,提高文献资源利用率,为公众提供优质、便利和均等化的公共图书馆资源服务。

3. 优化规范运行模式。晋江将全市图书馆的维护与文献物流系统绑定招标,建立全市统一的文献资源物流配送系统,成立专业的物流服务团队,统筹调配全市文献资源,配套大型的调配库中心、物流服务车辆与专业物流人员,规范物流操作系统,对全市各类图书馆及 24 小时街区自助图书馆进行文献的物流配送,将"家门口的阅读"从中心城区向周边乡镇延伸,建成一条条全民阅读快车道,让公众便利均等地满足阅读需求。

二、活动平台:晋江"悦读节"

爱因斯坦把阅读当成了"悦读",他曾回忆道:"我由于读罗素的著作而度过了无数愉快的时光",我国南宋著名学者尤袤在《遂初堂书目》序中也比喻"饥读之以当肉,寒读之以当裘,孤寂读之以当友朋。幽忧读之以当金石琴瑟也!"。可见,阅读是一种生活方式,前人的这种阅读的生活习惯、阅读的浓厚兴趣正是今天我们所欠缺的。实施全民阅读推广工作之初,晋江与其他地方一样活动经费短缺、合作资源匮乏。从 2011 年开始,晋江梳理全年阅读推广活动,探索建立一个活动资源整合平台——晋江市"悦读节"。由市政府以专项资金、专题项目的形式设立,每届历时 1 年,确立一个总主题贯穿全年,有效地整合各种活动资源,统筹推进全市阅读推广活动。该"悦读节"在形式上类似节日派对,力求轻松活泼,在全市营造快乐阅读、终身学习的氛围。

1. 确立为城市战略,提升规格树立权威。晋江将"悦读节"确定为城市战略,写入政府工作报告,经费经市"两会"审议批准通过。成立由市领导担任顾问、组长,市委宣传部为牵头单位的组织机构,统筹协调全程工作,成员由市政府办公室、市委文明办、财政局、广电局、总工会、团市委、妇联、文联、文体局、图书馆等单位组成,报社与电视台等媒体提供宣传支持,同时引入社会力量、慈善机构参与,达到全民参与、共同承担、共赢互惠的效果,得到的资金支持从每年 19 万元到 25 万元、50 万元……逐年攀升。举办活动 4 届近 800 场次,参与者超过 320 万人次,规格高、规模大、反响好。

2. 策划创意特色活动,贴近民意时政。结合市情民意与市政府中心工作,晋江以创意创新的理念,设计特色项目,形成"政府满意、群众认可"的良好互动局面。如在市民企盼建造一座市级少年儿童图书馆的呼声中,举办"我心中的少儿图书馆"金点子征集大赛;结合全市制定发展文化创意产业的背景举办"城市文化上上签"创意书签设计大赛;在争创全国文明城市热潮中推出"悦读风尚我引领"志愿者服务行动;围绕市委、市政府确定的"城市建设年"主题,向千名少年儿童征集"描绘新家园·展望新晋江"主题绘画比赛;面对外来建设者举办"大美晋江·我的第二故乡行"专场活动等。这种贴近民意时政的有益实践,跳出了目前国内基层图书馆阅读推广活动的常规做法,提升了政府的支持度与公众的关注度,扩大了全民阅读推广的影响力。

3. 总主题贯穿始终,统筹资源形成合力。每届晋江市"悦读节"均设立一个总主题贯穿始终,下设 10 个以上的分主题,每个分主题既独立成项目,又与总主题遥相呼应,形成一个整体,有利于统筹各方资源,推进与拓展阅读推广的内涵和外延。如首届"悦读节"以"'悦'读人生·品味城市"为总主题统筹少年儿童"一生阅读计划"活动推广、"印象·幸福生活"摄影作品展等 10 个项目;第二届以"自由'悦'

读·创意生活"为主题,子项目包括"时光·足迹"微电影大赛与展播、"艾草飘香·歌谣传唱"青少年端午诗会等十大活动,以及 2013 年的"悦读历史·把握未来"、2014 年的"传承文化·畅想未来"等主题均以一个总主题统领 10 多个分项目。在具体实施中,这种统一主题的方式有利于政府及社会公众把握"悦"读节的文化导向、思想内涵,进而统筹各方资源,推进与拓展阅读推广的内涵和外延。目前,"悦读节"已成为晋江的一项重要文化品牌,促使阅读成为一场全民参与、全民同乐的盛会,让阅读求知、阅读明理、阅读成才成为一座城市的学习时尚①。

三、保障机制:政府主导、市镇联动、社会参与

打开一座城市的阅读之门,阅读推广是必然的选择,但止于建造设施、举办活动,而缺乏长效的服务机制,阅读推广必将难以持续而半途而废。经过多年的探索与积累,晋江初步形成一个"政府主导、市镇联动、社会参与"的全民阅读推广保障机制。该机制以顶层设计、协同创新、整体推进的方式,由市委、市政府领导挂帅,成立专门的全民阅读推广组织领导机构,统筹拓展阅读推广渠道,促使阅读推广活动制度化与常态化。

1. 确立"书香城市"建设总目标。晋江根据市民阅读实际,合理设计全民阅读推广计划。将全民阅读推广活动纳入"书香城市"建设目标,内容涵盖举办一年一度全市"悦读节"、新建各类图书馆设施、实施全市图书馆智能化管理与服务体系工程等项目,构建覆盖全市的全民阅读推广网络。同时制定阅读推广市镇联动与评价机制,统筹开展全民阅读活动,如把建设文化站含图书馆(室)、举办大型阅读推广活动等纳入文化主管部门及镇(街道)的政绩考核指标体系,实施一年一评综合考评制,提升各级政府部门推广全民阅读的积极性。"书香城市"建设总目标的确立,可谓是举政府之手、聚全市之力来推动全民阅

①　林瑞凰. 基层公共图书馆阅读推广的困境与"突围"——以晋江市图书馆"悦"读节为例[J]. 图书馆建设,2014(5):54.

读,为全民阅读推广工作打造了坚实的制度"堡垒"。

2. 完善经费保障机制。晋江把图书馆等公共文化产品及公益性读者活动等阅读推广专项经费纳入每年市财政预算,提交市"两会"审议批准通过,保证公共财政对阅读推广投入的增长幅度高于财政经常性收入增长幅度,重点把外来建设者的阅读需求纳入全市阅读推广服务体系,外来建设者的阅读服务经费由常住地公共文化经费统筹管理,在资金上保障全市阅读推广工作的顺利开展,体现政府在阅读推广工作中的主导作用。

3. 创新多元参与机制。多主体投入,多渠道筹资,多措并举统筹社会力量参与阅读推广活动,推动全民阅读进校园、进部队、进民企、进机关、进村入户,真正将全民阅读活动推广到基层群众中去。晋江以市级财政补助的形式,支持社会力量兴办公益性的书画廊、休闲书吧、读书俱乐部等,直接向公众提供公益性阅读服务。开展全民阅读志愿服务,成立晋江市全民阅读巾帼志愿者服务队与志愿服务驿站,成员由具有一技之长的大学生、机关干部、家庭妇女、中学教师、民营企业家、图书馆工作人员等组成,定期开展捐书助读等志愿服务,内容包括国学讲堂、亲子课堂、童谣习唱等。市政府鼓励民营资金投入公益阅读推广活动,如民营企业认捐《四库全书》《永乐大典》等大型珍贵文献,资助图书馆特藏室建设。自 2011 年晋江建成全市第一家图书馆企业分馆以来,现有企业分馆、图书流通点 35 家。事实证明,引入多元力量参与阅读推广活动,可以促使阅读推广服务机制更有保障、更具活力。

第四节 晋江全民阅读推广实践成果与启示

目前,在晋江市域面积 649 平方公里范围里,共有公共图书馆 3 座(其中市级 2 座、镇级 1 座),高校图书馆 2 座,党校图书馆 1 座,公共图书馆分馆 9 座,24 小时街区自助图书馆 32 座,图书流通点 32 个,全国文化信息资源共享工程晋江支中心 1 座,文化信息资源共享工程基层服务点 389 个。基本达到全市每平方公里就有 1 个图书文献信息资源服务点,可以满足公众就近获取阅读资源服务。自 2008 年至 2014 年 7 年间,晋江举办全民阅读推广活动每年均不少于 180 场次,每年均有 13 个市直部门、10 家社会机构或民营企业参与举办,参与读者总人数超过 560 万,上至市领导下至普通读者均乐在其间。从晋江图书馆统计数据看,2014 年全年文献总流通 1 531 037 册次,读者总流通 925 455 人次。数字表明,晋江的全民阅读推广实践已经取得明显的成效。

在社会文化发展日益需要公民阅读的今天,晋江的全民阅读推广工作有何启示?

一是全民阅读推广工作理应定格为城市战略。只有把全民阅读推广工作上升为城市的战略,并以"两会"或地方法规的形式加以认可并强化,才能聚集人气、统筹资源、搭建平台,共同推进全民阅读推广活动的高效实施。随着国家对图书馆事业的重视程度越来越高,地方经济财力投入越来越大,基层图书馆事业作为日益彰显的社会文化资源之一,其在全社会的公益性地位是社会其他行业无法望其项背的。地方政府从现阶段经济社会发展水平出发,以实现和保障公民基本文化权益、满足广大人民群众基本文化需求为目标,完善公共文化服务体系,坚持公共服务普遍均等原则,统筹规划,合理安排,兼顾城乡之间、地区之间的协调发展,保障农民和城市低收入群体的基本文化权益,形成实用、便捷、高效的公共文化服务网络,是一个城市的管理者开展基层文化建设的基本战略。

二是充分整合社会资源。政府主管部门必须强调主动作为的思想,强化创新意识,制订长期性与整体性相统一的阅读活动计划,使全民阅读活动系列化、常态化。资源如散沙,无处不在,整合是关键。世界范围内图书馆发展的规律表明,图书馆事业的发展速度尤其受到社会经济发展水平和国民受教育水平两个因素的制约,只有这两个社会性因素的综合指标达到一定高度后,图书馆事业的才会得以迅速发展。然而,全民阅读社会的形成还有赖于更多的资源,如开明稳定的地方政治、稳定平安的居民环境、教育的普及发展和社会交流手段的改进等,只有着眼于以提升市民素质为出发点,搭建资源整合平台,借此形成巨大合力与推力,才能推进阅读推广工作可持续发展。

三是创造性开展宣传推广活动。基层图书馆履行促进全民阅读活动的社会职能,也要完成自身人文文化的构建,以策划系列特色创意活动,宣传推广全民阅读,用活动来牵引与激发公众的参与热情。要突出活动效果,防止"剃头挑子一头热"的现象,广泛与政府部门、新闻媒体、学校、企业等协调与合作,充分利用广播电视、报纸刊物等传统媒体,以及互联网时代的微博、QQ、网站、公众微信等传播速度快的新媒体,多渠道宣传,让更多的公众知道图书馆举办的阅读活动,尤其是在每年的"世界读书日""图书馆服务宣传周""全民读书日""全民读书月"期间,举办一系列读书宣传活动,如悬挂各个活动的主题横幅、读书报告会、朗诵比赛、亲子共读、制作宣传册发放等,使公众了解阅读本质与乐趣,进一步培养主动阅读的内在动机,提升全民阅读推广活动的知晓率与影响率。

四是要坚持阅读活动公益普惠的原则。公共图书馆提供的服务不是面向某个群体或个人,而是面向大众,面向社会各个群体,使每个人都获得阅读的权利。公益与普惠的内在意义就是要使大众受益,使百姓得实惠。公益性是构建公共图书馆服务体系的基石,普惠性是阅读推广活动的基本原则。通过财政保障,保证公共图书馆的服务免费或优惠向社会提供不断扩大公共图书馆服务的覆盖面和辐射力,尽可能让广大基层群众都充分享受到各种文化成果,参与图书馆开展的各种公益文化活动,使其真正惠及全民。

推广全民阅读,政府应当把便民利民的原则贯彻到各个环节和各个方面,在图书馆网点、文献资源布局、借阅与物流服务等方面,深入扎实地进行调研,处处为读者着想,让读者通过最便捷的方式和渠道,充分享受文献资源和服务。基层图书馆作为一种面向基层群众的公共服务,应当保证人人便于享有的服务,并且是近距离的、经常性的、容易获取的服务。唯其如此,才能达至书香社会之实现。

第十六章　弱势群体在基层图书馆的位置
——区别对待与一视同仁

第一节　弱势群体的定义与现状

　　弱势群体(Social vulnerable groups)，又称弱势社群或弱势族群，从百度上搜索到的定义，指社会上生活困难的弱者群体。例如露宿者、独居长者、性工作者、失业工人、上访民众、农民与农民工、低收入者、残障(身心障碍)人士等。相对于非弱势群体而言，弱势群体往往因竞争力不足、适应力不佳、缺乏某些生活能力或环境因素，而遭受不同程度的压抑、剥削或不平等的对待，以致比较缺乏创造财富的能力。因弱势群体的社会地位低，无权、无势、无投票权、无人脉关系，在社会上又常常被标签化及歧视。我国长期没有"弱势群体"这一概念，而惯常以"困难群众"等名称予以甄别。2002年3月，时任国务院总理朱镕基在第九届全国人大第5次会议所做的《政府工作报告》中，首次出现"弱势群体"这一提法。这似乎可以理解为，官方对弱势群体存在的首次认同。在我国，弱势群体愈是基层、声音愈是微弱，亦愈得不到应有的尊重与服务。举个例子，专为视障人士设置的盲道，在现代城市公共设施中早已不鲜见，但在我国广大乡村，仍是闻所未闻的新鲜事，遑论其他专为弱势群体设置的服务设施。

　　近几年来，随着我国公共图书馆事业的蓬勃发展，针对弱势群体建设的专用设施及开展的专门服务日益增多。诸如铺设专用盲道、设立视障阅览室、开辟残障人士专用卫生间、开展公益免费技能培训等。但就服务对象而言，范围还是较窄，主要面对残障人士，即残疾群体和阅读障碍群体(主要指由于身体的某种缺陷，无法正常使用图书馆服务的群体),较少顾及其他弱势群体,如失业者、低收入人群以及无家可归者等。另外,不少基层图书馆比较注重物理设施等硬件的投入,而忽视服务理念、服务方法、服务规范上的提升,因此,服务水平与服务能力离弱势群体的真正需求还有一段不小的距离。

第二节　弱势群体与基层图书馆服务

在联合国教科文组织《公共图书馆宣言 1994》里有这样的表述:"公共图书馆,作为人们寻求知识的重要渠道,为个人和社会群体进行终身教育、自主决策和文化发展提供了基本条件。"这里所说的"个人与社会群体"当然包括弱势群体。在具体实施过程中,基层公共图书馆的均等性与公益性往往被理解为仅面对能够正常使用图书馆资源的人群,殊不知,弱势群体更亟须图书馆服务。事实上,在大多数基层图书馆,弱势群体的需求,往往被忽视。无论是馆舍设计与建设、内部设施陈列,还是藏书结构与服务内容,均在有意无意间将弱势群体排除在外。

究其因不外乎以下 3 种:一是认为弱势群体需要的是物质层面的援助,而不是公共图书馆等精神层面上的服务;二是基层图书馆管理者的习惯性思维使然,以为开展弱势群体服务更费心劳神,普通人群的基础服务尚忙不过来,何来精力应付弱势群体;三是社会主流的价值观有失偏颇,在图书馆等公众场合,弱势群体普遍遭受歧视或者排斥。因此,当我们走入一座崭新的基层图书馆,若连一条简单的盲道都看不到,其他面对弱势群体开展的服务就更谈不上了。

众所周知,基层图书馆服务的对象,既包括能够正常使用图书馆的读者,也包括不能正常使用图书馆服务的弱势群体。因此,基层图书馆若撇开或者忽视弱势群体的服务,则其所秉承的公益普惠原则,就是一句空话。近年来,随着基层图书馆事业新一轮发展机遇的到来,愈来愈多的弱势群体走进图书馆、使用图书馆,他们不仅仅需要阅读、需要图书馆,他们更希望能平等地享有图书馆的公益服务。但上述诸因素,直接导致不少基层图书馆设施上的缺失与服务上的缺位,常常让弱势群体在基层图书馆里得不到应有的服务,或者服务大打折扣,更有甚者因图书馆服务的不规范,而与图书馆产生不必要的冲突等。所有的这些,不能不引起基层图书馆的关注与重视。

第三节　基层图书馆服务弱势群体的原则

我们认为,基层图书馆在面对弱势群体开展服务应该遵循三大原则:一是在物理空间与设备设施上的"区别对待"原则;二是在馆藏建设与分布上的"一视同仁"原则;三是在服务理念与规范上的"趋同心理"原则。

一、在物理空间与设施上,要"区别对待"

众所周知,一座公共图书馆要体现"读者至上"的服务精神,馆舍建设与设施布设是第一要素。弱势群体置身于图书馆,最先接触到的就是馆舍与设施,一座外观设计与内部装饰均能让读者感到温暖贴心的基层图书馆,不仅对于普通读者很重要,对弱势群体更为重要。弱势群体在使用图书馆时确实存在着诸多不便,造成这些不便既有生理与心理上的原因,又有社会地位、物质条件及时间成本等方面的原因。因此,我们认为,图书馆的馆舍设计、设备设施建设等方面应该遵循"区别对待"的原则。所谓"区别对待",就是将弱势群体按弱势差异类型进行分类,相应的对馆舍空间与设施设备采取针对性地设计与布置,力求避免图书馆在物理空间上给弱势群体造成使用障碍,充分保证其平等地获取公共图书馆服务。

上述表达,听起来似乎隐含歧视与不平等之嫌。其实不然。我们知道,"弱势群体"只是对某一个群体的统称,在这一群体里,每一个个体的弱势各有不同,如果基层图书馆不推行区别对待的服务原则,难免顾此失彼,容易导致图书馆的服务质量大打折扣。例如对视力有障碍的人群,专门开辟一处阅览专区,设置为视障阅览室,购置专用计算机、放大镜、助听器、点显器等辅助器具,为视障读者提供一个舒适的阅读空间;对肢体行动不便的人士从馆舍外围至馆内阅览区,铺上无障碍盲道,并配备专用助力推车,建造残障人士洗手间、残障人士专属阅览座席等,为他们使用图书馆资源提供一臂之力;对低收入人群,专门开辟过刊及旧书区,只要他们喜欢可以直接将书刊带回家阅览,无须办理借阅手续;设立农民工咨询室,为其提供政策咨询等相关服务。总之,基层图书馆应千方百计在馆舍设施上充分考虑弱势群体的差异化需求,从细节上加以完善,让他们感受到图书馆的人性化服务。

二、在馆藏建设上,要"一视同仁"

1994 年 10 月,联合国教科文组织与国际图联发布的《公共图书馆宣言 1994》明确提出,"各年龄群体的图书馆用户必须能够找到与其需求相关的资料"。这一句表述明确指出公共图书馆馆藏建设面对全体公众的实用意义,当然,这里说的全体公众也包括弱势群体。我们知道,馆藏结构很大程度上与服务对象有关。也就是说,一座公共图书馆的文献采访计划与馆藏建设目标应该尽可能考虑该区域各类型读者的实际阅读需求。那么,基层图书馆是否有必要在馆藏建设上倾向于弱势群体?我们认为大可不必,反而应该遵循"一视同仁"的原则,即无论是对普通读者,还是弱势群体读者,基层图书馆在馆藏建设上均应一视同仁,平等对待,不应厚此而失彼。具体而言,基层图书馆不应将政府财政提供的资金,在每个年度采访计划上专为某一特定人群倾斜,即便该特定人群是弱势群体,也概莫能外。因为基层图书馆不是专业图书馆,也不是某一读者群体或者某一机构的专门图书馆,如"残障人士图书馆""产业图书馆""医院图书馆""农民工图书馆"等。基层图书馆最基本的服务宗旨就是要体现公正与平等,具体表现到馆藏资源建设上,更应彰显对全体公众的公平与平等。

但是,弱势群体在获取馆藏资源服务上确实存在着诸多不便,这是一个不争的事实,基层图书馆有责任、有义务为之实施个性化的馆藏服务。那么,如何做到让弱势群体既方便获取馆藏资源,又不与"一视同仁"的原则相背呢?我们的做法是,例如针对弱势群体中的残障人士,包括盲人与视力、听力障碍者,设立视障阅览室,每年专门为其安排适量的文献采购经费用于购置盲文图书与视听资料;针对低收入人群读者,专门开辟一个剔除文献交换区与自由赠阅区,方便他们免费获取图书馆文献服务;针对外来务工人员,以图书流通车及送书上门的形式,将馆藏图书文献直接送到企业与外来务工人员聚居区,开展文献上门服务等工作;再者,常年开展弱势群体为图书馆荐书活动,在每年的馆藏建设计划里充分考虑并采纳他们推荐的图书文献。

三、在服务规范上,要"趋同心理"

《公共图书馆宣言1994》里提到:"每一个人都有平等享受公共图书馆服务的权利,而不受年龄、种族、性别、宗教信仰、国籍、语言或社会地位的限制。对因故不能享用常规服务和资料的用户,例如少数民族用户、残疾用户、医院病人或监狱囚犯,必须向其提供特殊服务和资料。"依据上述表达,弱势群体也同样拥有"平等享受公共图书馆服务的权利"。但是公共图书馆的服务体系又讲究规范化与标准化,因此在具体的服务过程中,对于不能正常使用图书馆的弱势群体而言,势必会因"规范化与标准化"的要求而可能被边缘化,成为公共图书馆服务的盲区。例如盲人读者在使用图书馆时常常会大声说话,破坏了宁静的阅读环境;再如,文化程度较低的农民工在计算机终端搜索电子文献时,往往需要图书馆工作人员更多的协助等。鉴于上述情况,基层图书馆开展针对弱势群体的服务,理应秉承"趋同心理"的原则。

什么是"趋同心理"?现代汉语词典这样解释,"趋同心理,也叫作遵从性,指的是个人希望与群体中多数意见保持一致,避免因孤立而遭受群体制裁的心理。在多数情况下，个人被迫接受多数意见，正是处于这种担忧。"概念是生硬的，还原到公共图书馆服务上，不妨将之解读为在服务方式与服务内容上的趋同心理。弱势群体因在人数比例上的少数，致其在获取公共图书馆服务上往往带有强烈的趋同心理。通俗地说，就是所谓的"少数服从多数"，具体表现在接受图书馆服务时不敢大胆表达自己的诉求，或者表达服务诉求的方式、渠道不合常规、考虑不周，由此引起弱势群体难以得到完善的图书馆服务。那么，基层图书馆如何面对弱势群体的趋同心理表现呢？我们认为，图书馆理应尽力秉持感同身受的心理体验，按弱势群体对象的不同，因人而异，采取相应的服务方式，以消弭趋同心理的影响，让弱势群体感受到图书馆真诚的服务。例如对行动不便的残疾人士采取送书上门，开展图书预约与信息咨询等服务；对体弱多病的老年人，在市老年大学为他们开设有关养生健康主题数字资源讲座与培训；对被征地农民及上访人群，利用图书馆政府信息公开专架，开展相关政策咨询服务工作，化解他们心中的疑惑；对低收入人群，除了每年开展学费资助活动，如寒门学子助残金外，还组织工作人员开展"一对一"帮扶工作；在节前返乡时节，图书馆主动介入，帮助外出务工人员网上订火车票，帮助他们早日回到家乡；在民营企业用工高峰期，如春节、元旦刚过时，为务工人员提供企业就业与政府政策资讯查询等工作；为育龄妇女，提供孕期保健资讯服务及开展与孕期相关的知识讲座；举办视障人士计算机与盲文培训班等。另外，基层图书馆对弱势群体"趋同心理"的关注，还体现在服务规范上，如服务用语等。众所周知，弱势群体往往比较缺乏自信，自尊心极强，表现为更在意别人的言辞态度，尤其是在获取图书馆服务的语言交流上。这就要求我们日常在接待弱势群体时，要善于换位思考，既严禁使用歧视性话语或不当的肢体语言，也不可过度关注他们弱势的事实，避免给他们造成不必要的二次伤害。

晋江图书馆视障阅览室（王筠筠　摄影）

第四节　整合社会资源服务弱势群体

　　毋庸置疑，弱势群体是我们这个多元社会的重要组成部分，全社会的每一个个体，均有权利平等享受到公共图书馆提供的公共文化服务，弱势群体也不例外。但仅凭图书馆一馆之力来实施与推进面对弱势群体的公共文化服务，显然过于势单力薄。在公平的民主社会，任何一个政府部门、社会机构或者社会公众均有义务为弱势群体提供必要的帮助与服务。这为基层图书馆整合社会资源参与弱势群体的公共文化服务，提供了广泛的群众基础与坚实的保障土壤。

　　我们认为，在公共文化服务均等化之路上，利用各种资源服务弱势群体，政府资源是主体，是主要物质保障；社会资源是客体，是辅助补充力量。在政府资源整合上，可以在基层图书馆内设立弱势群体专项扶助资金，联合相关政府部门共同推动弱势群体的公共文化服务，例如晋江图书馆视障阅览室，就是采取由市残联出资、图书馆承建的方式建设,建成后常年开展一系列面对残障人士的培训与服务工作;再如晋江图书馆与市妇联联合常年举办针对外来工子女的阅读推广活动,由市妇联派遣师资力量,图书馆负责策划活动方案并组织实施;与市总工会联合开展面对外来务工人群及低收入人群的志愿服务,以及合作推进农民工职工图书室建设等。在社会资源整合上,主要借助晋江蓬勃发展的民营企业,利用其雄厚的资金、丰富的人力资源与成熟的物流系统等,开展为弱势群体送书上门、奖励阅读先进、提供阅读资助金等活动。实践证明,只有充分挖掘政府与社会的资源,从资金、人力、场所、管理等方面开展全方位的合作共建,将图书馆"一元化"资源转化为政府、社会各界的多元化力量,这不仅能有效地壮大面对弱势群体的服务队伍,又能汇聚各方面优势资源,实现优势互补,共同促进基层图书馆服务弱势群体的内涵与外延得到明显提升。

从公共图书馆的基本定义上,我们可以清楚地感受到"平等"两字的分量。在基层图书馆的公众服务上,"平等"不是驻留于纸面之上毫无生气的字词,"平等"是一种态度,是一种姿态,甚至是一种追求。平等地对待读者,尤其是面对弱势群体,更应秉持一份平等的情怀。当然,知易行难,如何以平等之心面对弱势群体,向无约定之说、亘定之途,但只要我们秉承着平等对待每一个读者的理念,让无论是弱势群体,还是普通读者,均能在图书馆里,感受到一份温暖、一份贴心、一份惬意。这,也是基层图书馆立馆之要义。

第十七章　基层图书馆服务路径拓展
——知难而止与迎难而上

　　21 世纪第一个 10 年间,公共图书馆进入突飞猛进的信息技术时代,人们的阅读方式发生嬗变,数字化阅读蔚然成风,读者对图书馆的期望值愈来愈高。也是在这 10 年间,我国基层图书馆事业空前发展,基础设施日益改善、经费投入逐年增加,基层图书馆服务亦随之发生悄然变化。这种变化一方面得益于 30 年的改革开放带给公共文化领域的良好机遇,另一方面也得益于基层图书馆人自身的不懈追求。变化固然可喜,但我们也应正视这样一个事实:相对于各种设施环境的改善,基层图书馆的服务能力与服务水平并没有明显提升,不少基层图书馆的公众服务还仅局限于馆舍之内,走出图书馆开展公共文化服务仍然踌躇不前。

　　众所周知,新世纪是一个信息技术高度发达的时代,各种资讯蜂拥而至,让人目不暇接,也催生了图书馆资源服务发生质变。基层图书馆作为基层公共文化主要的服务阵地,随着读者需求的多元化,对图书馆服务水平的要求也愈来愈高。在这样的背景下,墨守成规、故步自封将成为基层图书馆事业生存与发展的屏障。本章以晋江图书馆为例,探讨如何创新图书馆服务方式,拓展图书馆服务外延,为读者提供更丰富、更优质的图书馆服务。

第一节　重新审视与解读图书馆服务的要义

　　有人说,图书馆已走过数千年历程,重提图书馆服务绝非明智之举。众所周知,图书馆以服务彰显其价值,只要图书馆存在一日,图书馆服务就相生相随。进入新世纪以来,各国图书馆对服务提出新的发展要求,美国将图书馆服务具体到"扩展馆藏的可访问性",使其由"全球用户免费、民主地访问";日本倡导建立"循环图书馆"或"再生图书馆",节约资源以服务读者,中国则在 2008 年正式发布《图书馆服务宣言》,系统地阐述了现代图书馆的服务精神与服务理念。图书馆是一项传统又年轻的事业,因此,图书馆服务这一主题不但亘古不老,而且日进日新,需要不断地审视与解读。

一、图书馆服务是一项系统工程

戈曼这样描述图书馆服务:服务于人类文化;重视传播知识;善用科技以提升服务质量;维护知识自由;尊重过去,开创未来。在他的话语里,我们看到,图书馆服务不是一个简单的语词或者符号,而是涵盖开放、平等、传播、自由、创新等理念,它是一项复杂的系统工程,不容许任意肢解、割裂,更不允许断章取义、急功近利。

二、图书馆服务应彰显人文关怀

今日的图书馆已从馆藏的单一化走向多样化,进而拓展至汇聚了全人类智慧的成果,成为一个集文献采访、流通服务、收藏利用、知识传播等功能于一体的服务体系。随着图书馆服务外延的拓展,必然催生服务内涵的质变,但万变不离其宗。彰显人文关怀,闪耀人性光辉,关注读者的心灵需求,必将成为图书馆服务的核心内涵。

三、评价图书馆服务要以读者为重

我们常说图书馆服务要"以读者作为一切工作的出发点与归宿点",那么衡量这项工作的标准是什么? 全国公共图书馆评估定级已经开展了 5 届,用一整套评估体系对图书馆服务进行细致的量化。但严格地说,这种业界的评估过于注重专业数据,缺少读者参与,难免有失公允。读者是图书馆服务唯一的受众,因此,衡量图书馆服务优劣的标准应是读者的评价。令人欣喜的是,目前已出台的评估标准里增添了"读者问卷调查",考评图书馆服务的读者满意率。

第二节　基层图书馆服务现状

读者服务是基层图书馆生存与发展的生命线,也是基层图书馆人孜孜以求的终极目标,但总有一些因素或多或少地阻碍着基层图书馆人追求的步履。主要体现在4个方面:

一、运行经费捉襟见肘

资金是基层图书馆服务的物质基础,从投入状态看,有静态与动态两类。前者指馆舍、书架、办公桌椅、计算机设备等,大多为一次性投入;每年的购书费、人员办公费、活动经费等则属后者,需要长期而持续的投入,随着基层图书馆事业的发展,需求还将水涨船高,但这一方面需求往往被忽视,导致不少基层图书馆设备老化、文献资源更新迟缓等问题,很大程度上造成常规服务乏力,甚至出现有的基层图书馆在新建或改造后,因运行经费时断时续而难于维计,不得不只开放个别服务窗口。这需要基层图书馆与政府相关部门加强沟通,让他们充分认识到对基层图书馆事业的支持需要一以贯之,难以一劳永逸。

二、人员素质参差不齐

读者服务的具体实施者是基层图书馆工作人员,因此,这一群体的素质与意识决定了服务的优劣。目前多数基层图书馆人员结构不合理,特别是大部分通过关系而非技能竞争进入图书馆的工作人员,文化水平普遍低下,遑论业务能力,而且相当一部分人视图书馆为疗养所,不思进取,久而久之养成好逸恶劳的习性。再则,不少基层图书馆工作人员以管理者自居,忽视作为服务人员的定位;强调读者的义务而无视保障读者权益,更有甚者,视图书馆为私人资源任意胡为。在这种情形下,基层图书馆服务成为奢谈。

三、资源配置厚此薄彼

据零点咨询机构连续4年以公共评价视角对中国公共服务水平进行系统性研究发现，在基层图书馆服务配置上普遍存在区域、城乡与群体不均等。有些新建行政区域将图书馆作为配套一并纳入，固然是好事，客观上却造成中心城区与边缘地带图书馆服务的不均衡，中心城区读者享受到多重的图书馆服务，边缘地带则相差甚远。其次，政府在分配城乡公共资源时，农村得到的图书馆服务产品与城市不可同日而语。再次是群体差别，外来人口与本土人员、贫困人群与富裕阶层在享受图书馆服务上，前者弱势，后者明显占优势。

四、服务流程零乱无序

古语云，"不以规矩，不能成方圆"。很大一部分的基层图书馆从管理层到中层再到一线窗口，管理过于随意，没有形成一以贯之的规范的服务流程，服务水平不高、读者投诉率增加就不足怪了。有的图书馆，虽有分工，但职责不清，出现问题互相推诿；有的图书馆仅有几名人员，既要做流通服务，又要搞读者活动，还要兼顾参考咨询，自然顾此失彼；有的图书馆多年来由文化主管部门的副手兼任馆长，甚至随意指派人员暂时看管；有的图书馆在服务管理上"等、靠、要"思想严重，主动有为不足；有的图书馆服务有始无终，没有跟踪与反馈，服务停留在点上，没有形成以点带面。因此，要提升基层图书馆服务的有效供给和质量，形成相应的服务体系至关重要。

综上，我们发现，提升基层图书馆的服务水平从一开始的困境，可能是资金问题，但愈往后，就涉及人员素质、服务观念、制度设计等众多环节，而解决这一系列问题则需要一个较长的过程，无法一蹴而就。挑战不可避免，但机遇同样存在。其一，国家重大文化工程的实施，特别是全国文化信息资源共享、送书下乡等工程，以及农家书屋、职工书屋等项目的推进，提升了基层图书馆自动化水平及服务能力，为延伸服务提供了有效的途径；其二，读者需求的多样化与各种图书馆服务新技术的应用,给基层图书馆事业的发展以动力,也带来了变革之机;其三,四年一度的全国公共图书馆评估定级工作,既有利于基层图书馆的业务建设,也有助于推动政府加大对图书馆的投入,促进城乡一体的图书馆服务网络的形成。因此,我们有理由相信,基层图书馆事业的前景必将广阔无限。

第三节　基层图书馆服务创新与拓展的路径

时代日进日新,基层图书馆的快速蓬勃发展,早已颠覆了过去以图书馆馆舍为中心,或可称之为"守株待兔"式的读者服务,无论是图书馆服务理念、服务方式,还是服务模式均发生了巨大变化。读者获取图书馆资讯,接受图书馆服务,已经不必非亲自到馆不可,在馆外、在家里,均可轻松获取。可以说,基层图书馆的服务外延与内涵已发生几何级的裂变。这种变化,既是渐进式,又是颠覆性的,既大大提高了基层图书馆的服务效率,也提升了基层图书馆服务的社会效益。所有这一切的实现,既得益于现代科学技术在基层图书馆的大力应用,也得益于基层图书馆人的不断创新。但应该指出,无论物理空间如何扩大,技术载体如何更新,若缺乏服务创新意识,因循旧规,不思变革,固守一馆一舍,不主动走出去开展读者服务,基层图书馆必将逐渐沦落为无人问津的藏书楼。

一、从服务主体上拓展

图书馆服务的主体是图书馆自身,《图书馆服务宣言》说,"图书馆人与一切关心图书馆事业的组织和个人真诚合作。"因此,我们不妨将服务主体拓展为共享主体或合作主体,即采取合作或共享的形式,将政府或民间的一些机关、社团、组织纳入图书馆服务主体中。服务主体由一元变为多元,各成员利用自身不可替代的资源合作共享,直接或间接为读者提供服务,前提是必须保证服务的公益性。例如,晋江图书馆内设晋江青年文化活动基地、晋江文艺评论协会、晋江书画院等团体，将这些团体的活动研讨与成果向读者展示，鼓励读者参与，同时图书馆的一些活动项目也可以依托这些团体开展；再如与晋江市残联合作在馆内设立视障阅览室，经费由残联承担，图书馆负责培训与推广，残联"助残日"的一些活动依此阵地开展并向视障读者开放。

服务主体的成员除团体组织外，还可以是读者个体。读者既是基层图书馆的服务对象，也是可供利用的服务资源。读者资源因个体差异而丰富，包括阅历、时间、知识、人际关系等。例如，晋江图书馆招募了近300名图书馆志愿者，有大学生、机关干部等，经图书馆培训后主要从事图书物理加工、巡架与上架、读者活动组织与协调等工作。读者以合作主体又是服务对象的双重身份，参与到图书馆服务中，这种方式促使他们所提供的服务更贴近读者的需求。拓展服务主体的目的不是要把基层图书馆的公共服务职能分担给其他机构、团体或个人，而是借助外力扩大服务主体外延，为读者提供更丰富多彩的公共服务产品，同时，图书馆工作人员也可以在与其他主体成员的合作中交流碰撞，既拓宽了知识视野，又从中得到无形的培训与提升。

二、从服务形态上创新

图书馆的读者服务形态有静态与动态之分。前者以基层图书馆和自有资源为中心，以馆为界，服务时长有限，服务内容与形式几乎不变。这是传统图书馆的主要服务形态，服务行为相对静态，较为被动，有"守株待兔"之嫌。后者则不受时空之缚，以用户为中心，根据需求开展服务，可以将图书馆服务发挥到极致，真正实现永不闭馆。通常以馆际合作、联合咨询、24小时自动还书箱、街区自助图书馆、即时短信服务等平台突破时间之限，或以图书流通点、流动图书车、图书漂流、通借通还等形式，走进军营、学校、机关、社区、民企、农村，开展图书借阅、信息推广、读者咨询、知识讲座等服务。创新服务形态要以静态服务为基础，动静结合，拓展服务外延，实现无时空之限的动态服务。近年来，晋江图书馆通过在外来工子弟学校设立图书流通点、在部队设立分馆等做法,解决外来工子女及部队官兵看书难的问题;通过与高校图书馆签订合作共享协议、与其他基层图书馆签订地方文献互赠协议,既丰富了馆藏,又为读者提供更广泛的资源服务;通过举办市直机关与民营企业读者联谊活动,将图书漂流到外来务工人群中去。

三、从服务载体上衍生

图书馆服务产品从来源上看可分为固有与衍生的。固有服务产品指馆藏的文献信息资源,含纸本文献、缩微文献、视听文献、电子文献、实体文献与虚拟文献等,是"载体化"和"固化"的,传统图书馆据此开展服务。实际上,随着社会的发展,读者对图书馆服务产品的需求远不止于此。基层图书馆不仅要致力于固有服务产品的供给,还应自觉衍生扩充其他服务产品。例如书画、刻字、花卉、石雕艺术、摄影作品、家居装饰等,这些均属图书馆衍生出的静态服务产品,在基层图书馆应有一席之地。可设专区展览,或散置于阅览区域,配上简短的文本说明,让读者阅读之余陶冶情操、提高修养。还可以通过戏曲展示、木偶展演、文艺沙龙等动态服务产品,让读者近距离感受到艺术的魅力。衍生服务产品中无论是静态或是动态,都是为了营造水乳交融、和谐相生的人文氛围,满足读者的多元化需求。例如晋江图书馆在周末引入颇具闽南特色的提线木偶演出《西游记》《大明府》等剧种,读者好评如潮;再如在馆内开辟专门展览区,由晋江摄影家协会、晋江书法家协会等提供作品,定期举办专题展或个人作品展,利用馆舍内外多余的空间长期举办奇石与花卉展。这些动态服务产品的展示,既装饰美化了环境,又让读者领略到脉脉的文化韵味。

四、从服务模式上变革

服务以资金支持为保障,虽然图书馆的公益属性决定其责任主体是政府,但若单纯依赖政府投入,服务难免有受制之时。服务模式的变革主要在两个层面。一是内生模式,即将运营机制引入基层图书馆,在保证公益性基础上,面对有需求读者适当开设营利性服务项目。

这种公益与营利相结合的服务模式既可弥补日常投入的不足,又能扩大基层图书馆服务的影响力,拓展生存空间。运作的前提应保证公益服务能够满足大部分读者的需求,杜绝将公益服务全盘转化为营利性服务。以晋江图书馆为例,在保证免费办证、无证阅览、免费使用馆藏资源与各种服务的前提下,利用与台湾一衣带水的区域优势,引入部分读者需求的台湾职业培训等。《图书馆服务宣言》指出,"图书馆鼓励社会各界通过投资、捐赠、媒体宣传、志愿者活动等,促进中国图书馆事业的发展。"由此引出另外一种模式——外生模式,即在图书馆外生成另外一种力量,如成立基层图书馆发展慈善机构(图书馆慈善基金、图书馆私人基金会、图书馆发展基金等),依托这些力量兴资办馆,共同推行公益服务,或以冠名、树碑立传等形式鼓励民间力量参与基层图书馆公益服务,凝聚全社会力量共同推进基层图书馆事业发展。慈善机构独立运作,有独立的董事会、独立的财务收支,作为基层图书馆服务的外生力量,保障与引导图书馆服务向乡村、边缘地区、外来人口集中地区及弱势群体倾斜,一定程度上解决因公共资源配置不均造成的图书馆服务的缺失。晋江是著名的侨乡,海外侨胞 200 多万人,素有捐资文教的传统,晋江图书馆陈延奎图书楼就是由华侨全资捐建,开创了华侨捐赠图书馆的先河,正在酝酿中的"晋江图书馆慈善发展基金会"就是基于这种乐善好施的传统而运作的。

如果说"服务是图书馆的永恒主题",那么创新就是动力。唯有不断创新,服务才能日臻完善,图书馆也才能如阮冈纳赞所言的"生长着的有机体"。已故的阿根廷国立图书馆馆长博尔赫斯曾说:"我心里一直在暗暗设想,天堂应该是图书馆的模样。"这是一个作家对图书馆诗意的描绘,也是一个图书馆人对图书馆美好的梦想。在辞典里,图书馆是这样定义的:"搜集、整理、收藏图书资料供人阅览、参考的机构"。图书馆服务的意义远不止于此。时代在变化,基层图书馆应该跳出概念的框架,探寻新的福祉。图书馆给读者提供的,不仅仅是知识的殿堂,而且是陶冶身心之地,还应是终身教育的学校,更应是文化交流中心。倘能如是,那么博翁话语里天堂般的图书馆则指日可待矣。

第十八章 基层图书馆品牌读者活动策划
——为谁举办与为何举办

第一节 基层图书馆读者活动现状

在当前实施全民阅读推广工作的背景下,策划举办读者活动无疑是基层图书馆工作的重头戏。举凡提起读者活动,无论是图书馆工作人员,还是活动的受众——读者,首先想到的就是举办讲座、展览、沙龙之类的活动;有的基层图书馆,每年举办的读者活动不下数十场,但细细盘点,引起读者共鸣的活动屈指可数。尽管不少基层图书馆使出浑身解数,期望通过策划组织读者活动,提升图书馆在当地的知名度与影响力,但事实上,这些读者活动仅止于上述层面——缺乏创意、自编自导、缺少互动、不讲实效,当然难以引起更多读者的关注。目前,造成基层图书馆读者活动的困局主要表现为:

一、为活动而活动

有些读者活动并非出自基层图书馆的主观意愿,而是迫于某项考评指标的要求,例如全国公共图书馆评估定级测评,各级文明单位评比或者地方政府的要求,图书馆只好硬着头皮去承担任务,勉为其难地为活动而开展活动。在这种心态的驱使下,举办读者活动仅仅是一项任务,或者一种指标,图书馆只需按照指标任务的要求操作即可,当然很难策划出高水平、有魅力、吸引读者关注的典型活动案例。例如有的基层图书馆为了配合地方政府的旧城改造项目,造足宣传舆论氛围,利于拆迁安置工作,专门举办新旧城区图片展。如此展览活动,话语权在政府,官方色彩浓厚。展示旧城,当以破烂不堪的图片;展望新城,则以美轮美奂之远景,以新衬旧,对比强烈,而真实的拆建改造则往往消解于唯美图片之外。如此的读者活动,政府官员乐以见之,读者就不见得会买账。

二、为谁举办活动

基层图书馆举办读者活动,应该明确哪一类读者参加活动,哪一类读者群体能从活动中受益。基层图书馆究竟为谁举办活动?答案不言而喻,当然是读者。实际上,不少基层图书馆在活动实施过程中则常常本末倒置,活动对象不清晰。例如,举办一场主题展览,承办方图书馆往往将精力用在邀请领导出席开幕式,用在撰写领导讲话稿,用在平衡领导上台与讲话次序上,用在接待领导上,而用在文案策划、氛围营造、展品征集、展馆布置、展品推介等方面的时间则很少。待开幕式上领导简短致辞后,展期延续三五天,读者还没弄明白展品为何物,就草草收兵。显而易见,此类活动基本是为领导而举办,为博得领导欢心,读者的艺术欣赏与熏陶倒成其次了。

三、活动的主题是什么

明确了读者活动参与对象,下一步就是策划生成活动的文案。文案中最为关键部分莫过于拟定活动主题,可以说一场读者活动的成败维系于此。从制定活动计划到文案撰写,再到统筹协调各方关系组织实施,直至活动结束后的总结与提升。在整个组织实施过程中,活动主题既起提纲挈领之作用,又是活动全程的方向标。有的基层图书馆举办活动,事前不做计划,活动主题又不明晰,无法统领全场活动。实施过程中又缺乏统筹,活动结束也不作总结与反馈。如此行事,对读者而言,活动毫无亮点,吸引不了人,难以引起共鸣;对承办方而言,除了备感劳累外,毫无成就感,难以燃起再度举办活动的激情。长此以往,便造成恶性循环,终致使读者参与活动的积极性不高,图书馆也懒得再举办活动,除非图书馆接到硬性的要求或者某项政治任务。出现上述情况的根源在于,图书馆事前主题缺失或不清晰,事中文案准备不充分,事毕没有回顾反馈。事前、事中、事毕 3 个节点均没有把握好,自然难以成功举办一场出彩的读者活动。

四、活动场次多寡

有的基层图书馆动辄以活动场次的数量,来表明举办读者活动的力度之大。基层图书馆每年举办的读者活动场次,固然重要,但若单纯追求次数之多寡,便存有"为活动而活动"之嫌了,实为无稽之谈。策划举办读者活动只是基层图书馆的一项常规工作,并非是为了追求活动数量的叠加。评价基层图书馆读者活动的效益,若以活动的场次为依据,实为舍本逐末之举。评估读者活动的得失成败,应以该活动是否为读者所欢迎、是否践行公益服务、是否达到阅读推广之成效、是否让读者从中得到实惠、是否实现社会各界预期目标等为依据。因此,基层图书馆举办读者活动应把心思用在追求"质"而不是"量",用在追求"精与专"而不是"泛与散"。具体而言,基层图书馆要善于综合考虑时间节点、读者期望、图书馆定位、城市发展主题等各种因素,以常规与专题、小规模与大中型读者活动相结合的原则,策划组织开展全年的读者活动。

晋江市历届悦读节情况表(2011—2015 年)

	全年活动场次	全年大型活动场次	全年活动参与人次 (单位:万人次)
第一届	132	10	4
第二届	156	10	5
第三届	197	12	8
第四届	210	15	15
第五届	318	20	39

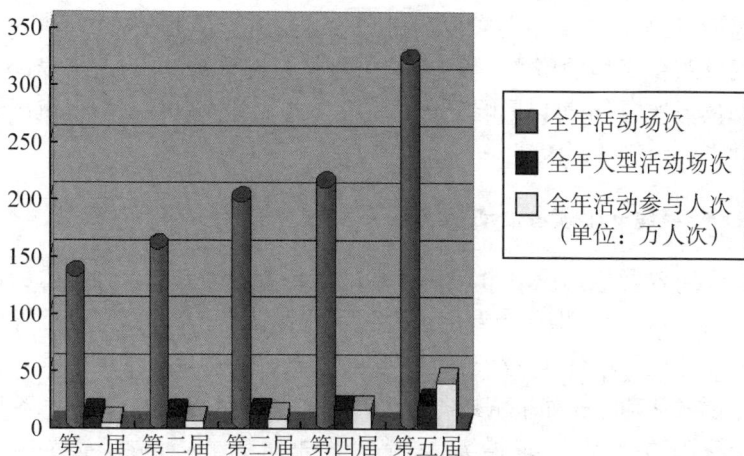

（晋江图书馆活动拓展部提供）

第二节　晋江图书馆读者活动实践分析

　　基层图书馆的读者活动策划,应因时、因地、因馆而异。以晋江图书馆为例,读者活动的开展并非从一开始就先声夺人。从零敲碎打的小型活动到承办市级甚至省级、国家级大型阅读推广活动;从局限于图书馆内部的自娱自乐到参与馆外、省际甚至国际图书馆界的合作;从图书馆的单一力量到跨界跨专业的各界合作共赢;从一个小点子、一场小型活动到由点及面逐步铺开的超大型活动,一步步走来,这其中的变化与成效,不仅仅体现在政府拨给活动经费的逐年增加,不仅仅是读者参与人数的倍增,也不仅仅是图书馆工作人员个人素质与成就感指数的提升,最重要的是,在全社会营造了浓厚的阅读氛围,培育了读书求知的坚实土壤,与此同时,基层图书馆的社会服务效益也得到大幅度的提升。公众对图书馆开展的读者活动从被动参与到充满期待,从参与活动的受众角色到活动的共同举办者,读者活动的层次、覆盖面、社会知名度与美誉度均得到大幅提升。由此足见,成功的读者活动就像奇妙的魔术一样,不但可以拓展图书馆的服务,培养读者的阅读习惯,甚至可以影响公众的生活方式。下面以晋江图书馆读者活动推广为例加以阐述。

一、组建一个读者活动组织抓手

毋庸置疑,基层图书馆读者活动的组织实施需要一个强有力的抓手。所谓"抓手",即一个专门负责统筹协调读者活动的部门,该部门主要职能就是负责读者活动的策划组织与实施,以及后期的收官与反馈。读者活动工作如果依托图书馆内部的某一个部室开展,往往难以聚集资源,取长补短,取得实效。晋江图书馆组建一个读者活动抓手历经4个阶段:第一阶段,由于工作人员紧缺,只好依托办公室开展读者活动,每逢举办较大型的活动就从其他部门抽调人员参与组织实施;第二阶段,工作人员已较为充足,立刻成立一个独立部室——咨询辅导部,安排专门工作人员2名。该部室除策划组织读者活动外,还需承担参考咨询业务,这也是该部室定名之缘由;第三阶段,待咨询辅导部运行一年后,马上着手将该部室的职能一分为三,涉及读者普通咨询服务工作分解到读者流通服务部,涉及参考咨询业务则由采编中心、数字资源部等部室按各自职能承担,仅留下组织举办读者活动业务工作,并将"咨询辅导部"更名为"读者活动部",专门从事策划、组织实施读者活动;第四阶段,读者活动部成熟运行两年后,基本已形成较为规范的读者活动服务流程,并且积累了不少策划组织经验,在读者要求提升图书馆读者活动层次的期望与呼声中,适时将"读者活动部"上升为"活动拓展部"。若单从字面上看,不过是名称的变化,但实际上体现的是,基层图书馆对读者活动的理解过程,以及读者活动在图书馆公益服务中所占的分量。更名后的活动拓展部的工作职能,就不能止于组织单纯性的读者活动,而应不断提升活动的策划能力以及驾驭专题或大型活动的能力,做到常规活动应付自如,深度出彩的大型活动运筹帷幄。要达到这一目标,就要策划先行、挖掘内涵、凸显亮点,彰显"拓展"二字之深意。晋江图书馆的读者活动组织工作从最初的依附于办公室,到成立一个独立部门全权负责,再到赋予其更高、更多的职能要求。在这一蜕变过程中,积累了经验、磨炼了人才、提升了层次。从中我们不难看出,基层图书馆组建专事读者活动业务的抓手之重要不言而喻。

二、形成一个读者活动服务机制

所谓"机制",《现代汉语词典》第 6 版做如是解:"泛指一个工作系统的组织或部分之间相互作用的过程和方式"。简而言之,可以理解为,事物合理的运行标准与规律。上述"服务机制"指的是,基层图书馆开展读者活动时所依赖的运作规律与服务标准。晋江图书馆一开始举办读者活动,既无章可循,亦无机制可循,单凭着图书馆人的一股狠劲,一点一点地去琢磨,做成一件是一件,从来没有想到要形成所谓的运作服务机制。如此做下去,便时常感到毫无头绪,也无法从中发现是否有规可循、有章可守。难以避免地出现,前次举办过的活动,无法为下一场活动提供可资利用的经验或规律。我们经过多年的探索,目前已基本形成一个"政府主导、社会参与、图书馆运作"的读者活动服务机制。该机制的优势在于,促使读者活动从点到面、从松散向集中、从短期向长效发展。在整个读者活动服务机制里,政府、社会、图书馆三者均为主体,互为关联。三者之间的分工定位清晰,政府为主导角色,主要为读者活动提供经费上的资助、政策法规上的把关、资源统筹上的协调;社会指的是社会各阶层,以民间文艺协会、文化团体以及民营企业为重要组成部分,为读者活动提供人力资源、信息渠道与闲散资金等方面的支持;第三个主体是基层图书馆,主要承担组织实施与跟踪反馈读者活动的具体工作,以及监督读者活动的任何参与方是否体现专业、公益与均等化等原则。公平、公开与均等化是基层图书馆举办读者的根本出发点,图书馆应该确保政府或社会阶层,不因以对读者活动贡献的多寡而要求图书馆"论功行赏"。形象地说,上述三个主体中地方政府类似读者活动的召集人,社会是辅助与补台角色,基层图书馆则是具体执行者,三者缺一不可,"三位一体"共同促进读者活动服务机制的正常运作与长效发展。只有三者之间协同配合,才能合作共赢,共同推进读者活动社会效益的最大化。

三、搭建一个活动资源整合平台

基层图书馆策划读者活动由于涉及面广、时间跨度长、主题多样化等特点,难免造成以下两方面短板:一是活动项目相对零散、不够集中,难以形成合力,造成效率低下,社会效益也较低;二是由于活动类型、活动场地、活动流程的差异化,往往需要多次协调相关部门,其中有的活动涉及的部门,工作职能时有交叉,便不可避免地造成不必要的资源浪费。综上,搭建一个高效的活动资源整合平台,用以统筹图书馆全年的读者活动,则能起到事半功倍的作用。通俗点说,不妨把活动资源整合平台当成一只大篮子,然后将全年拟举办的重要读者活动装入篮子,再给篮子起个名——即"设立一个总主题",而后向政府部门申请专项资金、向社会申请援助与支持。这样运作,对政府部门而言,可以采取一次性给予专项支持,避免多次请示、多次审核,无谓地浪费各项行政成本;对社会公众而言,以条目式列单提前告知,让社会各界对图书馆全年的活动一目了然,强化读者活动的权威性与广泛性;对基层图书馆而言,则可借该平台之力提升活动的规格与档次,整合各类资源高效地组织实施读者活动。晋江图书馆经过多年的经验积累搭建起来的"晋江市'悦'读节",就是一个汇聚各种各类资源统筹读者活动的整合平台。该平台以市级专题项目的形式立项,成立专门统筹指导读者活动的领导组,由市委、市政府分管领导挂帅任组长,成员由人事、财政、文化等10多个相关部门主要领导组成,领导组下设办公室,挂靠在晋江图书馆,作为具体组织实施全市"悦"读节的业务部门。每年年底,图书馆先行拟就下一年度晋江"悦"读节工作实施方案含经费预算,上报领导组审定通过,次年初即举办"悦"读节开幕式,年终举办闭幕式汇报总结。晋江市"悦"读节的设立,一方面省却了图书馆每举办一场活动就至少需要沟通上级部门一次、拟一份请示报告、申请一项资金,以及分别举办一场开、闭幕式等烦琐程序,节省了大量的时间成本、人力资源及行政经费;另一方面,通过以市级立项的形式设立读者活动整合平台,促使晋江市"悦"读节就像一块磁铁,吸引了来自政府机关、社会各阶层等各种各类资源为图书馆所用,公众参与度极高,大大提升了图书馆读者活动的社会影响力与公众知晓率,从而更高效、有序地推进了全年读者活动的顺利开展。

第三节　基层图书馆读者活动宣传策略

"宣传"这个语词,常常被基层图书馆所忽略。不少基层图书馆认为,图书馆只管策划举办读者活动,氛围营造、宣传报道的工作应该交由党委主管部门或者媒体去运作,与图书馆无关。基层图书馆每每策划一场读者活动,或者开展一项创新服务,究竟要不要广泛宣传推广,应该邀请哪一类媒体,新闻通稿要怎样写,要从哪个角度展开报道……诸多宣传的关键点,不少基层图书馆往往被动应对、疲于应付。事实上,宣传推广读者活动的主动权并不在第三方,而恰恰掌握在基层图书馆手中。基层图书馆因其所处的"基层"位置,在话语权、资源占有、服务受众等方面与其他类型图书馆相较,不可同日而语,因此更需要宣传推广,更需要营造良好的氛围,更需要包装精品活动或创新服务。但凡此种种,却为多数基层图书馆所不以为然。

基层图书馆宣传推介读者活动,在当今高度发达的传媒时代尤为重要。善用新媒介做宣传推广活动,既能扩大基层图书馆的社会影响力,又能为基层图书馆事业的后续发展添后劲,而且宣传推介的过程本身又能转化为图书馆的虚拟资源。一举多得,何乐而不为呢? 那么,基层图书馆要如何开展读者活动宣传推介工作?

首先,要转变"酒香不怕巷子深"的旧观念。有的基层图书馆,放不下身架或者碍于情面,以为踏出馆门进行宣传推广,既得不到他人的理解,又有损"文化人"之颜面,长此以往,日积月累,畏难情绪则愈甚。当然,也有相当一部分基层图书馆愿意走出去宣传读者活动,甚至推介图书馆的特色服务、资源优势等,但限于经费紧张,难以将宣传工作做深做细,更难形成宣传的长效机制。事实上,基层图书馆愈是经费不足,愈要坚持下去,哪怕小打小闹,总比一点动静都没有好。愈是反响好的品牌读者活动,愈要大张旗鼓宣传推广,只有想方设法保障读者对活动的知情权,读者活动才能得到更多的关注与互动。观念若不更新,因循旧规,基层图书馆宣传推介的路子只会愈走愈窄,终致半途而废。

其次,宣传推介也要融入策划理念。为数不少的基层图书馆的宣传推介工作,热衷于单线开展,所谓"单线",即"图书馆—媒体",一般由图书馆先拟就一份活动的新闻通稿,再邀请媒体参与报道,最后以一则活动短讯或图片呈现给公众,同时作为读者活动的收官总结。这样的宣传传播方式未免过于单薄,缺乏创意,收效自然甚微。我们认为,基层图书馆在组织实施读者活动时,应同步启动宣传推介策划方案,即将宣传推介工作作为一个子项目并入整场读者活动的实施方案当中,而不是孤立地割离或者"事后诸葛"。该方案不仅要有媒体、读者方面的宣传,还应包括社会各阶层的互动。"同步启动"之妙在于,不仅能引起媒体、读者对活动的背景、过程等提前介入并加以关注,而且能让各类媒体按策划文案的要点,跟踪报道活动的每一个环节,达到既有概况渲染、专题宣传,又有亮点报道、细节点击,甚而还有深度推介。

再次,多渠道拓展与利用多元、立体的现代媒介。现代传媒领域的发展可谓日新月异,基层图书馆的宣传推介手段不能止于单一的平面媒体或者电视传媒、广播电台,要充分利用网络、微博、微信、Facebook 等各种新媒介、自媒体,线上线下,开展立体、多元化的宣传。既要有着眼于细节处的亮点宣传,也要有着眼于平面上的专题宣传;既要善于将读者追逐新媒介的热情转化成动力为我所用,也要懂得利用图书馆丰富的资源自办各种传媒,全方位开展传播推介工作。

最后,应准确把握宣传推介的"度"。开展读者活动宣传虽然是基层图书馆重要的常规工作，但我们也应清醒地认识到，宣传是一把双刃剑，就像一枚硬币的两面，宣传之"度"的掌握考量着基层图书馆的智慧。哪些活动适合推广，哪些活动不宜多做报道，哪些活动层面需要深度、持续宣传，哪些活动仅可作为阶段性总结即可，还有选择在什么时间节点做宣传推广适宜等，均需图书馆权衡利弊做出决定。举个例子，晋江图书馆每年均举办以服务外来工为主题的大型读者活动，这已成常态，但是不少媒体却聚焦于图书馆如何创造条件为外来务工人员开展公益服务，而很少去关注图书馆对其他读者群体开展的同等服务。活动甫一见诸报端，读者马上投诉图书馆违反平等、均等化的公益性服务原则，过度关注外来群体，侵占了本地读者应得的服务资源，要求图书馆纠正这种隐含不平等的服务心理。上述例子说的是，图书馆在掌握宣传报道的"度"上的失衡，无形中给读者带来了不必要的误解。

　　基层图书馆除了宣传推广读者活动外，还需要宣传推介图书馆的哪些方面？我们认为，举凡基层图书馆拥有的资源或服务，诸如馆藏特色、资源分布、特色服务、图书馆价值取向，以及图书馆在公共文化建设、城市文化形象塑造等方面的发展创新之处，包括图书馆公众文化服务的内容、形式、载体等，在基于秉承公益服务、保障读者权益的前提下，均可进行宣传推广。

　　当前，读者活动已成为基层图书馆常规工作中不可或缺的一部分，随着图书馆在人们生活中的作用愈来愈凸显，读者活动已不仅是基层图书馆阅读推广的重要手段，而是读者获取图书馆公益服务的必需品之一。随着多元社会的飞速发展，读者对读者活动的层次、内涵、类型、对象、策划手段等的要求愈来愈高，这就促使基层图书馆不能被动地开展读者活动，更不能单纯为活动而办活动，而要有策划理念、有组织机构、有实施平台，当然更要有持续经费保障与长效宣传机制。尤其是在宣传推广理念上，不可囿于某一场活动或者某一个创新项目的宣传，更不可待活动开始实施再组织宣传报道，而应化被动为主动，自觉自发地将宣传推介作为图书馆的工作常态之一。基层图书馆的任务何其繁杂,馆藏建设、借阅服务、参考咨询、延伸服务、读者投诉等,无不费心劳神,即便如此,图书馆的读者活动及宣传推介工作仍然不可或缺,这就要求我们图书馆的工作人员必须转变观念、开阔视野、提升素质、充实自我,主动策划生成更多贴近读者心理的活动,满足广大读者的服务需求。

第十九章　文明单位评比与志愿者服务
——被动参与与主动迎评

从表面上看,本章涉及的话题与基层图书馆的专业性质与业务范围不甚关联,甚而有人可能认为,基层图书馆参与各级文明单位评比,既费心费神、劳民伤财,又对图书馆本身的事业发展毫无裨益。

事实如是乎? 不然。

我们认真对照了各级文明单位的评比细则,尽管某些细则仅以材料检查为主,图书馆只需平时多加留意收集材料,然后整理归档,文明单位似乎唾手可得。评比看似有形式主义之嫌,实则是一个极大的误解。我们都知道,党的十八大以来,不少行业评比、竞赛评选等被明令禁止或取消,唯独文明城市包括文明单位的评比活动非但没有取消,评比标准反而较之以往更加严格。由此足见,文明城市与文明单位的评比在国家的文明塑造与文化重建进程中的重要性不言而喻。而在整个文明单位评比体系中,"志愿者服务"又是一个必检的项目,鉴于该项目与基层图书馆的服务精神与服务理念非常契合,因此,本章着重就两者的关系以及运作方法进行专门阐述,以期探讨其中可资借鉴之处。

第一节　基层图书馆参评各级文明单位的意义

基层图书馆作为专业性较强的区域社会教育文化机构,以其典藏的文献为基石,对外开展与文献相关的公共文化服务工作,同时以策划组织各类读者活动为抓手,积极实施全民阅读推广活动。既然是一家专业机构,为什么需要参加与专业领域相去较远的文明单位评选活动？究竟基于何种考量？

一、文明单位评比是一项实实在在的行业性检查

文明单位评比是文明城市评比体系中的一个重要组成部分，在各级文明城市、文明单位的评比要求中，基层图书馆的建设与服务本身就是一个必检指标，而且是一票否决指标。对照 2015 年《全国文明城市测评体系任务分解》表，在"文化事业与文化产业发展"与"文体活动与文体设施"两项测评指标中，有这样的表述，"公共文化馆、博物馆、纪念馆、图书馆、美术馆实现向社会免费开放"与"建有全国文化信息资源共享工程支中心，乡镇、街道基层服务点覆盖率 100%"。另外，在"我们的节日"主题活动测评指标中，"组织开展群众性主题活动"是必检项，且制定了具体的标准："利用新闻媒体等多种形式宣传普及优秀传统文化，并形成制度；组织'我们的节日'主题活动，运用传统节日弘扬民族文化的优秀传统；开展节日习俗和非物质文化遗产挖掘、整理、推广和传承等工作。"显然，该测评指标考察的就是基层图书馆读者活动及传统文化的开展、收集与整理等工作，与基层图书馆的专业特点及工作性质相契合。因此，从上述测评标准的表述上看，基层图书馆参评各级文明单位并不以单位意志为转移，而是一项必须参与的行业性检查。

二、文明单位评比是一个难得的资源优化与整合的平台

各级文明城市、文明单位评比，是一项政府主导的自上而下的行政行为，基层图书馆参与其间，可以在相对较短的时间里，汇集众多的政府与社会资源，搭建一个资源整合与优化的平台，从而对图书馆的自身建设进行扬长避短、补缺补漏，尤其是对图书馆物理空间的优化提升与设备设施的更新利用上，完全可以在文明单位评比期间得到妥善的解决。

三、文明单位评比是一次图书馆自我修正的良机

每一届的文明单位评比,基层图书馆必须严格对照测评标准,从中发现优点与优势,找准不足与差距。可以说,每一次的评比就是对全馆工作进行一次大检阅。文明单位评比就像一个曝光台,大到管理系统、人事编制、财政预算、业务建设,小到保洁绿化、仪容仪表、言谈举止等,均会在评比过程中被聚焦、放大,甚至曝光,引起政府主管部门、社会公众、图书馆的进一步重视,从而得以修正、弥补与完善。因此,基层图书馆参与各级文明单位评比,就是一次借助外力促进内生改良的契机。

当然,三年一届的各级文明单位评比对于基层图书馆而言,虽是不可忽视的良机,但并非包治百病的良方。基层图书馆事业的健康发展,仍然需要图书馆人内强素质外塑服务,自强自立自信去开疆拓土。基层图书馆参与文明单位评比,并非为评比而评比,更不是为了争一块"文明单位"的牌匾,初衷与落脚点是基于"一切为了读者"的服务理念,秉承与彰显公共图书馆公益、公开、平等的服务宗旨。也就是说,只要评比活动有利于提升图书馆服务读者的水平,有利于推进图书馆公共文化服务,有利于促进图书馆服务理念的创新,有利于推动图书馆事业的健康发展,基层图书馆不但必须参与文明单位评比,而且要把文明单位评比工作做到极致。

第二节　基层图书馆志愿者服务标准解读

我们注意到,在各级文明单位的测评体系里,"志愿者服务"与基层图书馆的服务理念最为贴近。志愿者服务是基层图书馆读者服务的有益补充,尤其是在工作人员不足的基层图书馆,志愿者服务应该更加重视。基层图书馆开展志愿者服务,既能适时、适当地弥补人员的短缺,又能倡导无私奉献的服务精神,这与现代图书馆的服务理念

相辅相成、相得益彰。

最近几届的文明单位测评,均对"志愿者服务"测评项制定了详尽的标准。在解读图书馆志愿者服务标准前,需要明确"志愿者服务"的定义?所谓志愿者服务,"一般是指志愿者组织、志愿者服务社会公众生产生活和促进社会发展进步的行为。"具体而言,指任何个人在不计任何物质报酬的前提下,心甘情愿地利用自身空余的时间、技术、专长、爱心、精力,甚至各种资源为他人、邻里、乡村(社区)、社会各阶层提供非盈利、无偿、非职业化援助的行为。

应该说,志愿者服务是每个文明社会不可或缺的一部分,其服务宗旨是为了改善社会,推动与促进人类发展与社会进步。实际上,志愿者服务的精神内核就是提倡"欣赏他人、与人为善、有爱无碍、平等尊重"的友爱精神,这与基层图书馆的立馆要义一脉相承、互相契合。因此,将"志愿者服务"纳入基层图书馆的服务标准范畴,不仅仅是各级文明单位评比的必检项目,也是基层图书馆的服务追求。志愿者服务与基层图书馆服务两者之间非但没有冲突,而且互为肌理、互为补充、互相提升。

按照福建省文明单位测评体系 2014 年版的要求,"推进志愿服务制度化"工作是作为一项单列指标来考察,其中包含"志愿服务制度化建设"与"社区志愿服务活动"两项,具体表述为,"成立文明单位学雷锋志愿服务队,注册志愿者人数占单位在职党员、团员 30% 以上;围绕敬老、爱幼、帮困、助残等,开展'邻里守望·情暖八闽'社区志愿服务活动;围绕文明礼仪知识系统普及、文明交通、网络文明传播等,开展'文明福建·有你有我'主题志愿服务活动;围绕绿化美化、清理脏乱、整治污染等,开展'美丽福建·美丽心灵'等主题志愿服务活动;结合单位实际,建立注册登记、培训管理、党团员带头等志愿服务制度。"值得注意的是,在 2015 年全国文明城市测评体系中对各级文明单位在"志愿服务制度化建设"测评内容中,还加上一项"大力弘扬志愿精神,市民对志愿服务活动认同和支持率大于或等于 90%"标准。由此可见,基层图书馆的志愿者服务标准主要包括以下 4 方面内容:一是需要一支专门的队伍——学雷锋志愿服务队,而且人数有硬性要求;二是需要开展一些实质性工作,主要指进社区、进基层开展志愿服务;三是志愿服务必须有主题,主要开展以文明礼仪、美丽心灵等为主题的志愿服务;四是必须建章立制,推进单位志愿者服务的制度化与规范化建设。

综合上述标准的解读,基层图书馆开展志愿者服务并非是一项临时性的短期工作,更不是一项应时应景的形式主义工作,而是一项有组织、有主题、有制度、面向基层、面对群众的长效服务工作。基层图书馆大力开展志愿者服务工作,就是要借助图书馆这个公共文化阵地,发挥专业优势,进一步汇聚各种各类社会资源,尤其是人力资源,共同推进公共文化事业在普惠民生上的可持续发展。

第三节 晋江图书馆志愿者服务的特点与成效

晋江图书馆是连续 5 届的福建省文明单位,又是全国文明图书馆、首届福建省文明单位标兵。在参评各级文明单位过程中,我们主要从机构建设、人员配备与激励机制等方面进行有效管理,确保图书馆志愿服务工作常态化、制度化与规范化,形成长效的良性互动机制。

一是成立机构。迎评伊始,成立晋江图书馆文明创建领导小组,由馆长任组长,一名副馆长专任常务副组长,同时成立"学雷锋志愿服务队",全馆人员均需参加,迎评的具体业务工作挂靠在图书馆行政管理部。一个领导小组加上一个服务队不仅仅是为了迎接文明单位评比而设立,而且是作为图书馆常设机构负责统筹协调全馆的文明单位创建与志愿者服务工作,同时,迎评工作还纳入图书馆年度常规工作计划,做到人人守土有责、人人为文明创建出谋划策。

二是分类建档。根据每个志愿者不同的专业背景、文化程度与兴趣爱好、工作特点,对馆内外的志愿者服务人员分门别类进行归档,并以此为据确定文明单位创建与志愿者服务的工作内容、方向与服务对象。如安排具有一定文学创作造诣的志愿者，开展小读者的习作教学志愿服务；让具有丰富育儿经验的志愿者主持家庭教育专题培训志愿服务，让长期从事乡土民俗研究的志愿者担任传统文化普及工作的志愿服务等。

三是统筹管理。合理统筹馆内外志愿者服务队伍，形成齐抓共管、互补互动的良好格局。综合考量馆内外志愿者服务队伍的服务时长与专业所长，采取时间交叉、专业互补、资源共享的办法开展志愿服务。例如在图书馆正常开馆时间里以本馆志愿者服务队为主，闭馆时间则以馆外志愿者为主开展志愿服务；在某些专业服务领域，若馆外志愿者专业背景较为深厚，则由其主导，本馆志愿者与之配合，共同开展志愿服务。

四是规范服务。制定志愿者服务制度及服务规范并张贴上墙，同时将图书馆"巾帼文明岗"纳入文明单位创建与志愿者服务工作中，推行一岗多责，实行公开、透明的管理。即一个工作岗位既要承担图书馆常规读者服务，还要开展文明单位创建与志愿者服务等相关工作。

五是总结激励。适时总结宣传志愿者服务工作并予以适度奖励，形成激励志愿者的年底盘点制度，每年年终对图书馆的文明单位创建与志愿者服务工作进行总结，挖掘服务的亮点与特色，组织媒体展开点对点、面对面的宣传报道。对在全年表现较为突出、服务时间长、深受读者好评的志愿者除予以精神鼓励外，还适度奖励精美图书或书签等小礼物，激励志愿者的服务。同时，将馆内外志愿者作为晋江市"星级志愿者"的认定对象，参与晋江市委文明办、市志愿者协会举办的全市志愿者评比活动，纳入《晋江市志愿者礼遇办法》进行奖励。

综上，晋江图书馆志愿者服务工作主要呈现以下 4 方面特点：一是服务内容多样化。既有针对图书文献传递过程中的预约、借阅、送书上门等志愿服务，也有参与图书搬运、物理加工、清洁书架、场所使用导引等志愿服务，还有更高层次的直接参与读者活动策划与组织实施的志愿服务，以及开展对弱势群体如残障人士的志愿服务。二是服务对象多元化。按年龄、职业、学历、文化程度、兴趣爱好等来划分不同层次的服务对象，利用志愿者之所长开展多元化的志愿服务。三是服务时间差异化。按照志愿者的社会身份与工作性质，灵活安排来馆开展志愿服务的时间，尽量让志愿服务与志愿者本职工作两不误。四是管理模式双重化。无论是图书馆志愿者，或是馆外志愿者，既要服从晋江市志愿者协会的统一管理，又要服从图书馆志愿服务队的日常管理，力求管理规范化、制度化。

晋江图书馆自 2008 年开展文明单位创建与志愿者服务工作以来，共有馆外志愿者近千名，每一名志愿者均在晋江市志愿者协会备案。按要求每人每年的志愿服务时长应不少于 48 小时，但大部分志愿者并不以此为限，而是待本职工作一完成，就来图书馆积极开展志愿服务。据不完全统计，全市每年接受图书馆各种各样志愿服务的人数超过 40 万。目前图书馆馆外志愿者主要由 5 个群体组成：一是晋江市妇联下属的各级巾帼文明岗的志愿者；二是全市各中小学教师队伍的志愿者；三是假期回乡的大学生志愿者；四是晋江民营企业里的中高层管理者的志愿者；五是全市小学的高年级学生与中学生志愿者，上述不同职业不同身份的志愿者汇聚在图书馆，共同为全市读者开展志愿服务，全年累计服务时数不少 54000 小时。晋江图书馆志愿者的身影不仅活跃在图书馆的各科室，而且延伸到馆外；不仅在开馆期间积极开展志愿服务，而且在闭馆时间成为图书馆服务的生力军，得到读者、社会的广泛好评，为晋江文明城市与文明单位的创建添砖加瓦。

文明单位创建与志愿者服务，从本质上来说，与基层图书馆的公益、平等与普惠的服务理念并不相悖。基层图书馆积极组织参评各级文明单位，坚持不懈开展志愿服务，就是为了更好地履行公共文化阵地的服务职能，为了让"一切为了读者"的立馆要义更加深入具体，为了让广大群众更便利地获取优质的公共文化服务。从这个意义出发，文明单位评比与志愿者服务，理应成为新时期基层图书馆需要努力去履行的职责与任务。

第二十章　少年儿童阅读推广活动案例分析
——常规做法与精品项目

第一节　我国少年儿童阅读推广背景

当前,多数基层图书馆的服务对象,未成年读者明显多于成年读者,所占的比重甚至过半。根据一些阅读调查权威机构提供的数据表明,使用图书馆的成年人数并不因经验丰富而增加,成年人的纸质阅读呈现明显的下降趋势,功利性阅读愈来愈凸显。相较而言,我国少年儿童的阅读兴趣正在大幅提高,喜欢图书馆阅读环境的少年儿童也在成倍增加。另外一个现象也值得关注,许多成年人来到图书馆并非出于本意,而是因为需要陪伴孩子才不得不来到图书馆,也就是说有相当一部分成年人被动使用图书馆。基于上述原因,我们从一开始就将图书馆的主要服务对象集中在少年儿童这一群体上,举凡图书馆开展的文献采访、展览展示、文化交流、沙龙聚会、主题活动、外语角等阅读推广活动,工作重心与服务需求逐年向少年儿童倾斜。

当然,从图书馆公益、平等的服务理念出发,作为立足基层、服务群众的基层图书馆是无权忽视与轻慢任何一个群体对图书馆的需求,哪怕该群体的数量微乎其微。我们认为,既然成年读者的阅读习惯以功利性阅读为主,参与阅读的目的性与兴奋点比较明确,基层图书馆的阅读推广活动就较难引起他们的兴趣。少年儿童处于培养阅读兴趣的黄金时期,相关的阅读引导与推广对他们形成良好的阅读习惯至关重要,若能在这个时期予以正确的引导,对他们未来的成长所起的积极作用将不可估量。我们常常说,一个人若从小爱上阅读、爱上图书馆,他日长大成人,即便学坏,也不至于坏到哪儿去。虽然这样的说辞,未免不够严谨,但却可以从另外一个角度说明,图书馆在每一个人的青少年阅读时期所扮演的重要角色。

第二节　基层图书馆少年儿童阅读推广实施步骤

　　尽管20世纪90年代以来,全国各地新建或者改建了不少少年儿童图书馆;尽管近几年来,我国不少基层图书馆在少年儿童阅读推广上不遗余力,但总体上看,基层图书馆的少年儿童阅读推广工作,仍然是一项崭新的课题。基层图书馆的少年儿童阅读推广不能简单地理解为"我做推广你来参加"的你甘我愿,也不能理解为"我做推广你就得来"的一厢情愿。倘若如此,少年儿童阅读推广工作将陷入僵局、难以为继。对于少年儿童而言,兴趣是入门之师,基层图书馆的阅读推广活动若捕捉不到少年儿童这一年龄段的兴奋点,就难以吸引他们主动参

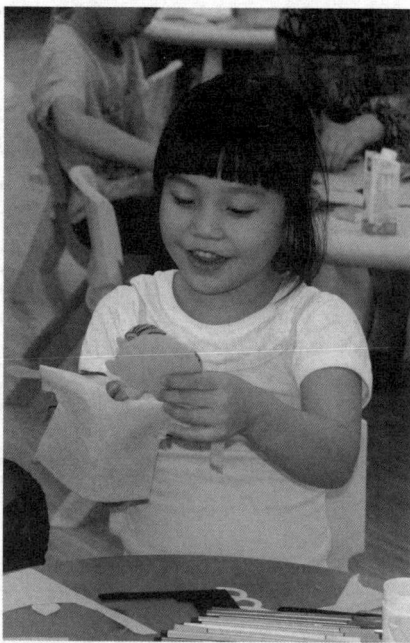

晋江少年儿童学习制作"掌中木偶"
（王筼筼　摄影）

与,图书馆就难以达到阅读推广的目的,而且极有可能打击少年儿童的阅读兴趣,导致他们从此厌倦阅读,进而不愿意来图书馆、使用图书馆。

　　如此说来,少年儿童阅读推广工作确非易事。我们应该在阅读推广的内容上多花点心思,要明确究竟推广什么,答案当然是阅读。

但是,阅读什么呢? 名著、名家还是绘本、寓言、传说、故事? 非也。我们以为,基层图书馆的少年儿童阅读推广应该将重点放在推广引导一种良好的阅读习惯、一种有效的阅读方式、一种持续的阅读兴趣、一种健康的阅读生活,而不是具体的某一部书或者某一场单纯的读者活动。

因此,要弄清楚少年儿童最喜欢做什么事? 当然是玩耍,除了玩还是玩,这是少年儿童的天性,任何人、任何组织均无权剥夺,包括公共图书馆,非但不能剥夺,一定程度上还要纵容这种天性在图书馆里有更自由的发挥空间。明确上述关键,就找到了少年儿童阅读推广的立足点——阅读其实就是"玩"。说到底,基层图书馆应该思考,如何在阅读推广活动中寓教于乐。举个例子,2008 年,晋江图书馆开展名著《西游记》的阅读推广活动,邀请入选国家级非物质文化遗产名录的晋江掌中木偶来到图书馆,为全市少年儿童表演据《西游记》改编的折子戏《大明府》,让少年儿童暂时离开纸质阅读,零距离观赏艺术表演,既生动直观地加深他们对名著的理解,又让他们接受了艺术熏陶、体验到玩的乐趣。上述阅读推广活动,直接推波助澜了晋江的少年儿童阅读与改编"四大名著"的热情。晋江图书馆少年儿童阅读推广实践的目的,不外乎带领孩子们去玩、去爱阅读、去爱图书馆,具体实施步骤如下:

第一步,阅读推广活动主题的设定。活动主题不应过于一本正经,更不应带有说教与训示意味,而应该让孩子们一听见一看到就神往,要尽一切可能激发他们的好奇心。例如"亲子绘彩蛋·欢度复活节"主题,让少年儿童在玩乐中了解西方国家的节俗文化;而"看一看,猜一猜:世界真奇妙",则通过绘本中的画面,让孩子们在快乐的氛围里感受大自然之美;"音乐游戏:小读者变魔术师",让小朋友在玩中学、在学中玩,体验到游戏的乐趣等,单就阅读主题就足以孩子们遐想无限,乐意参与、主动探寻其中的无穷奥妙。

晋江市少年儿童图书馆举办学拍非洲鼓活动（王筠筠 摄影）

第二步，阅读推广活动辅助道具的挑选。从视觉上看，少年儿童喜欢斑斓色彩。因此，活动辅助道具的选择应该在保证染料安全环保的前提下，尽量以多彩为主，例如彩扇、多彩魔术棒等辅助道具；从道具形态上看，应在避免带有尖角等安全隐患情况下多考虑形态多变的物品，如七巧板等。另外，若条件允许，应该多选择动态道具，以及带有创意元素的道具，常见的普通道具少用，有条件的图书馆还可以自己设计制作活动道具。

第三步，阅读推广活动氛围的营造。活动氛围在整个阅读推广过程中至关重要，这其中，营造无拘无束的舒适感是基本要素。少年儿童身处其间，可坐可卧可立可蹲，宽松的环境氛围应有别于家庭及学校。除此之外，还可以将音乐、舞蹈、朗诵等艺术形式引入阅读推广活动中，既增添自由愉悦的气氛，又培育少年儿童的艺术修养。

最后一步，阅读推广活动辅导老师的选择。任何面对少年儿童开展的阅读推广活动，辅导老师或者主持人是活动成败的关键。我们倾向于选择多年从事幼教工作或者在家庭教育上有独到心得的人员担任阅读推广活动的辅导老师或主持人。例如举办民谣歌谣阅读推广活动，邀请在"乡土文化进校园"教学工作中经验丰富的中小学青年教师来担任辅导老师,图书馆工作人员则退而做配合角色。举办涉及异国文化的阅读推广活动,则直接从外语培训基地或学校聘请风趣幽默的年轻外教来当主持人,让少年儿童近距离感受丰富多彩的异域文化。

第三节 案例分析:晋江图书馆 "少年儿童一生阅读计划"

一、项目定义

从字面上解,"少年儿童一生阅读计划"(以下简称"阅读计划")面向晋江少年儿童开展,参加对象的年龄限定为 0 岁—16 岁,同时又用"一生"两个字延伸了"阅读计划"的长度与广度。简单而言,设立该项目的初衷在于,将全市少年儿童纳入图书馆为其量身定做的"阅读计划",并让图书馆陪伴其一生的成长。在孩子们刚一开始接触阅读时,图书馆就主动介入,为其提供舒适的阅读环境与更多的阅读便利,让阅读成为孩子们的生活习惯并陪伴他们的一生。从最初的"引发阅读兴趣,培养阅读习惯,扩展阅读视野,提高运用语言的能力,并鼓励家长积极参与子女的阅读",到现在的鼓励更多的孩子与家长、社会人士共同参与设计"阅读计划",让阅读、让图书馆陪伴孩子们的一生,晋江图书馆逐年提升内涵、丰富形式、深化影响。作为晋江市少年儿童阅读推广的品牌项目——"阅读计划"迄今已举办5届,以每年100名的速度、全市现共有500名晋江少年儿童纳入该计划。历经一年又一年的运作、整合与提升,目前该计划已成为晋江中小学校、家长和孩子们年年企盼与热捧的少年儿童阅读推广项目。

二、亮点分析

亮点一:图书馆主导、多方并举的运作模式。项目设计之初,即将教育主管部门、市关工委及文化主管部门等与未成年人教育紧密相关的责任单位共同作为项目的主办方。阅读生活是少年儿童成长过程中不可或缺的一部分,上述各部门的本职工作均与少年儿童的成长教育不无关联,甚至有的工作对象直接指向少年儿童,如"关心下一代工作委员会",而教育主管部门参与全市少年儿童阅读推广工作则更责无旁贷。项目由图书馆主导,统筹协调多个工作职能与服务对象一致的部门,形成合力共同推进少年儿童阅读推广工作,既有利于整合更多优质资源为少年儿童阅读推广服务,也有助于吸引社会上更多的群体共同推进少年儿童阅读推广工作。

亮点二:作为常设项目形成品牌效应。良好阅读习惯的形成本身是一个漫长的过程,决定了阅读推广工作难以一蹴而就,需要长久持续地做下去,尤其是少年儿童阅读推广活动,切忌半途而废,而应一以贯之,促使孩子们形成阅读的习惯性期待。因此,无论阅读推广经费多寡,无论项目推进有多艰,策划年度阅读推广活动时,"阅读计划"项目非但必须纳入,而且要做到经费不减、内容更丰富,形成一年一度的阅读推广品牌项目,引起全社会的持续关注。

亮点三:宁缺毋滥,严格把控纳入该计划人数。阅读推广活动精品项目的普及面若过于宽泛,容易分散精力,难以引起更多关注,更难做成品牌活动。基于此,我们将每年纳入"阅读计划"的人数限定为100名,宁缺毋滥,严格按标准与程序进行筛选,既参考每一名报名参与者前一年的阅读总量,又考评参与者前一年参与图书馆相关读者活动以及图书馆志愿者服务的表现,同时结合推荐学校、社会团体的意见,最后确定前100名少年儿童成为当年计划的人选。合理、有序地控制纳入"阅读计划"的人数,可以集中丰富、优质的图书馆阅读资源,针对每一名少年儿童开展专享式的阅读辅导与培训,促进图书馆的少年儿童阅读推广工作更加有的放矢。

三、实施步骤

一是报名申请。采取自荐与学校推荐相结合的方式。报名对象应填写申请表格,内容包括申请人的姓名、图书馆借阅证号、组别(即中学、小学、学龄前）、申请日期、申请人签名等。此外，还需有推荐学校或提名学校的名称、电话、地址、学校联络人姓名、推荐日期、学校负责人签名等。

二是图书馆资质审核。图书馆收到申请表后，按照申请对象提供的资料进行审核，审核内容包括申请对象办理借阅证的时间、全年借阅数据、参与读者活动情况，据此对申请对象进行资料核实与相关数据排序后，初步列出前100名人选交由图书馆"阅读计划"工作领导组终审通过。

三是授予会员待遇。申请者通过审核后，即获赠图书馆阅读记录册1本，用以记录会员全年阅读的书籍、递交的阅读报告及向图书馆推介的书目，所有记录均需要有图书馆盖章作为依据。另外，还为每一名会员在图书馆局域网内建立专属网页，用于记录会员自加入之日起发生的所有与图书馆相关联的阅读履历。

四是举办主题活动。遵循少年儿童的生理与心理特点，设计策划个性化的阅读推广活动，丰富少年儿童的阅读生活。活动主要包括会员阅读心得撰写，参与评选每月"阅读之星"；好书推荐，会员以简短的文字向图书馆及读者推介自己喜欢的图书；出资组织会员参与图书馆省内外图书现采活动，以及每年一次的省内外图书馆之旅或阅读主题夏令营等。

五是年度总结表彰。每年年终召开"阅读计划"年度总结表彰会，表彰会员在图书借阅、荐书、撰写阅读心得、参与读者活动等方面的突出表现。会员可获嘉奖证书以证明其借阅册次，其中每年阅读100本或以上者可获金奖证书。借阅图书量前20名者可获嘉奖，积极参与推荐或提名会员的学校也将同时获奖。除此之外，图书馆还颁发每月"阅读之星"与"荐书明星"，得票最高者可获纪念品1份。举办"阅读计划"年度总结表彰会，旨在奖掖先进，鼓励后学，在全市少年儿童心中种下阅读的种子，传播阅读的理念。

第四节　成效与思考

截至 2015 年年底,晋江图书馆的有效持证读者超过 6 万人,其中少年儿童读者超过 4 万人,占 66%;图书馆举办以少年儿童为主体的阅读推广活动全年达 170 余场次,占全馆所有阅读推广活动 93%;少年儿童年全年借阅量不少于 40 万册;参与"阅读计划"的少年儿童共500 名,评出每月"阅读之星"52 名,每年选出 10 名优秀者、目前共 50 名读者参与省内外图书现采与"图书馆之旅"活动。5 年来,共收到少年儿童的荐书并已编目加工上架 12 万册次,阅读心得超过 20 万余字。中央、省、市各级媒体对"阅读计划"项目的报道达 600 多次。"阅读计划"项目还入选中国图书馆学会第四届全国"百县馆长"论坛典型案例。

尽管晋江市"少年儿童一生阅读计划"取得一定的成效,得到全市中小学校、家长、中小学生的持续关注与踊跃参与,但实际上少年儿童阅读推广既无定例,也无恒定模式,实施少年儿童阅读推广活动很大程度上取决于少年儿童年龄阶段的特性。因此,我们应该基于少年儿童时期不同的生理与心理特点,灵活策划与设计阅读推广活动方案,将阅读推广活动的主动权交给孩子们。无论是图书馆、教育主管部门,还是其他社会阶层,均应退至服务与呵护孩子们身心安全的角色,将更广阔的阅读时空留给孩子们去探索、追寻与发现,并从中获得阅读的乐趣,从而爱上阅读、主动阅读与终生阅读。这才是基层图书馆开展少年儿童阅读推广工作的终极目标。

第二十一章 基层图书馆立馆理念与发展目标
——随波逐流与精准定位

第一节 基层图书馆的立馆理念

基层图书馆的发展定位是什么,未来将走向何方? 这些问题与基层图书馆的立馆理念紧密相关。每一个基层图书馆均有专属于自己的立馆理念,就像每一所大学都有自己的治校之思。立馆理念就像航标,决定图书馆发展与前进的方向。纵观我国的基层图书馆,立馆理念的表述虽有所迥异,但推敲起来大同小异,立足点大致离不开"公益""免费"与"公平"三个元素。当然,这是基层图书馆立馆之根本。

对于基层图书馆而言,服务基层群众是主要的工作目标,但服务并非基层图书馆的唯一宗旨。从建馆伊始,基层图书馆就需要找准自身定位,既要考虑图书馆作为专业机构在当地文化事业发展体系中的位置,又要考虑图书馆作为公共文化服务窗口应该承担的工作职能,还应考虑图书馆事业可持续发展的潜在力量。基层图书馆的立馆理念,既非三言两语可以概括,也非恒久不变,而应随着社会经济文化水平的发展而变化。

但无论社会如何发展,图书馆如何定位,服务是基层公共图书馆永恒的主题。服务的主题涵盖的范围广而泛,诸如服务对象、服务方式、服务理念及服务创新与服务效益等。这其中,无论是服务外延或者服务内涵的任何一方面发生变化,图书馆的服务质量与社会效益均需重新评估。正所谓"牵一发而动全身",随着社会的多元化发展,基层图书馆面临的问题层出不穷,有的问题并非朝夕可解,这就要求基层图书馆除了要有处变不惊的能力,更重要的是,要有坚定的立馆理念为方向,指引基层图书馆的前行之路。

2015 年 5 月,在第五届全国百县馆长论坛上产生的"晋江共识"里有这样的表述,"县级公共图书馆在我国公共图书馆服务体系中处于事业基石、体系枢纽、服务前端和总分馆中心的地位,"这既是高屋建瓴的定位,也是颇具创造性的战略目标,清晰地标示出基层图书馆今后的发展脉络。迈克尔·波特说"战略就是形成一套独具的运营活动,去创建一个价值独特的定位"。对于当前的基层图书馆而言,只有厘清创新与服务两者之间的关系,并作为图书馆定位的双翅,基层图书馆事业才能得到繁荣发展。

美国著名的"定位之父"彼得·德鲁克曾说,"努力创造未来是要冒很大的风险的,然而,它的风险比被动地接受未来小得多"。基层图书馆的未来将呈现什么样的图景? 是否如过去一段时间"图书馆消亡说"所描述的那般? 我们坚信,前行之路充满各种可能,一切尽在图书馆人的努力创造之中。以晋江图书馆为例,1953 年建馆之始只是一个小小的阅览室,直至 1990 年才有了自己的独立馆舍,而到了 2008 年,已发展成为全国最大的县级市公共图书馆之一。晋江图书馆的发展脉络,贯穿始终的主线,就是找准自身定位,并且矢志不渝,从最初的依附在其他馆舍里的一个小阵地,到拥有独立的馆舍,再到成为服务全市的中心图书馆,以及目前建设中的城市图书馆联盟。在整个变迁过程中,始终秉承"不甘人后"的创新理念,始终秉承"爱拼敢赢"的晋江精神,始终秉承"以人为本"的服务精神,努力开拓晋江图书馆的未来。

第二节　基层图书馆立馆理念与社会的关系

基层图书馆与社会、与公众的关系是什么? 回答这个问题前,先要弄明白基层图书馆是什么,能做什么? 也许有人会回答,基层图书馆就是面对基层,开展公益性服务的文化单位。

　　显然,这样的回答未免过于简单化,与基层图书馆追求的人文精神相去甚远,更谈不上所谓的立馆理念。我们认为,基层图书馆的立馆宗旨或者立馆理念,必须存在于图书馆本身之外。为什么这样说呢?基层图书馆作为一个独立的专业服务机构,同时又是社会公共文化的组成部分,其立馆理念必须与社会公共生活紧密相连,也就是说,必须存在于社会之中。因此,基层图书馆的立馆理念,应该由社会公众来决定,而不是由地方政府的一纸指令,或者图书馆人闭门造车商定。

　　也许上述观点,可能招致众矢之。有人说,倘若一座基层图书馆读者缺失,无人问津,是否还有存在之必要?倘若基层社会公众漠视基层图书馆的存在,图书馆的生存危机是否已经来临?萨特说,存在就是合理的。在读者缺失、公众漠视之下,基层图书馆倘若还能一息尚存,恐怕就是沦为藏书楼之境地了。但即便是一座藏书楼,也有义务为基层社会公众保存全人类智慧与知识的责任。因此,无论基层图书馆最终成为什么、做了什么,基层图书馆与社会公众的关系始终不可分割、鱼水交融;基层图书馆的立馆理念,应该与社会的发展齐头并进、相得益彰;基层图书馆的社会责任,应该充分体现基层社会公众的利益;基层图书馆的服务精神,应该以满足基层社会公众的公益文化诉求为导向。正因为基层图书馆要满足基层社会公众对知识的渴求,基层图书馆才有存在之必要。读者等基层社会公众是基层图书馆存在的理由与基础,也是基层图书馆可持续发展的源泉与动力。基层图书馆策划层出不穷的读者活动,开展各种各样创新性的公益服务,就是要最大限度地满足基层社会公众的文化需求,就是要为基层图书馆的立身、立馆提供最有力的证明。因此,基层图书馆的立馆之本、立馆理念,倘若离开社会公众、撇开社会责任,就只能是无稽之谈、空中楼阁①。

　　① 彼得·德鲁克.德鲁克管理思想精要[M].北京:机械工业出版社,2009(9):15-31.

第三节 基层图书馆的发展目标

毋庸置疑,基层图书馆因基层社会公众而存在,基层图书馆事业伴随着基层群众日益增长的各种公共文化需求而得以发展。那么,是否可以说,基层图书馆的发展目标至少应该包含两个基本点:一是服务,二是创新;或者可以说,"服务"与"创新",既是基层图书馆立馆的基本出发点,也是基层图书馆的基本服务职能。

众所周知,服务是图书馆永恒的主题,这早已成为图书馆界的共识。随着多元化社会的到来,社会公众对基层图书馆提出各种各样的要求,期望从图书馆里获得更加人性化、更为完善的公益服务。这就要求基层图书馆必须从读者需求、现实情况和图书馆价值观等方面入手,将满足基层读者不断变化的服务需求作为图书馆追求的目标,甚而作为评价与衡量图书馆服务得失成败的标准。因此,基层图书馆的立馆理念,倘若撇开服务谈事业发展,撇开服务谈社会效益,就是无根之木、无源之水、无米之炊。另一方面,基层图书馆仅仅谈服务够吗?一味注重服务的基层图书馆,是否深受基层社会公众所喜爱?什么又是基层图书馆服务的源泉与根基?服务需要资源,服务需要理念,服务更需要创新。只有秉承开拓的思维,只有善于开辟不竭的资源,只有在不断创新中开展服务,基层图书馆才能永存在于社会公众之中,才能成就"百年老馆"之愿景。换言之,创新是基层图书馆的核心动力,变革与创新应该成为基层图书馆内生的动力而被主动接受,而不仅仅是受迫于图书馆外部世界日进日新的需求而被动为之。"创新"这个语词对基层图书馆而言,就是创造性地满足各种类型的读者在不同时期提出的差异化需求。满足的过程就是一次完整的服务过程,满足的前提条件是基层图书馆必须能够提供优质、丰富的公共文化服务产品。为了圆满完成这样的服务过程,基层图书馆本身未必要变得更强大、更宏伟,但持续地改进与不断地创新则是必然的要求与趋势。

尽管准确表达一座基层图书馆的使命与发展目标何其艰,但只有明确目标定位,才能统筹各种资源、确定发展方向、制定发展规划,也才能最终实现基层图书馆社会效益的最大化。基层图书馆的各项发展规划与目标,必须立足于本专业领域,思考基层图书馆的将来会是什么,以及应该是什么。尤为重要的是,基层图书馆的发展目标不应该只是一个抽象的说辞或模糊的定位,而应该视为是基层图书馆对读者的某种服务承诺,是实现基层图书馆使命的一种必然投入。换另一个说法,就是代表着基层图书馆的基本发展战略。这就要求基层图书馆的发展目标或使命必须具有可操作性,不但能转化为具体的、日常的工作计划与安排,还能成为图书馆服务与馆员成就的基础与激励因素;另外,基层图书馆的使命与目标必须能有效地集中各种各类资源为图书馆所用,更进一步说,基层图书馆的使命与发展目标应该具有创新性,因此基层图书馆可以拥有多种使命与目标,而不是唯一的使命或目标,而且必须与时俱进。

一言以蔽之,基层图书馆的使命与发展目标"不是命运,而是方向;不是命令,而是承诺。"基层图书馆的使命与发展目标并不能完全代表基层图书馆的未来,而是为了创造未来而进行公共服务资源配置的一种手段。基于上述理解,我们认为基层图书馆在使命与发展目标的建立过程中,以下三种目标的制定必不可少。

首先是创新的目标。基层图书馆的创新目标主要指服务创新与管理创新,这其中包括服务方式与服务产品的创新,以及面对读者的各种技能与活动的创新。对于晋江图书馆而言,创新既是服务理念,又是服务产品。创新意味着无论是服务方式、模式、理念,还是服务产品、资源、形态均非恒定不变,相反的却是一个不断修正、不断更新的过程。基层图书馆确立与实现创新目标,与当地的人文气息与历史底蕴息息相关。晋江素有"泉南佛国""海滨邹鲁"之美誉,中原文化、海洋文化、闽南文化、华侨文化、宗教文化等多元文化在晋江相互交融、相映生辉,留下了丰富历史遗迹和人文遗产。多元的文化宝库,催生了各种各样的文化活动得以蓬勃开展,基层群众对文化知识充沛的渴求,必然促进图书馆对创新目标的不懈追求。文化的渗透力向来是"润物细无声",一个地方的人文底蕴与品性,决定了斯地的价值取向与阅读习惯,晋江文化的多元与包容性,势必转化成为图书馆立馆之人文底蕴,成为图书馆创新目标坚实的土壤,而且必将促进图书馆创新目标的最终实现。

第二个是资源的目标。完成基层图书馆的使命必然离不开资源建设,发展基层图书馆事业必然与资源目标紧密相连。这里所说的资源包括人力资源与资金资源,以及无形的社会资源,诸如地利之便、人文优势、时政环境等。基层图书馆只有充分吸引各种资源为其所用,才能实现图书馆事业的可持续发展。那么,基层图书馆要如何做到呢? 首先就是设立合理的资源目标,然后据此制定详尽的发展方向与计划。基层图书馆在制定资源目标时,不可局限于某一种资源对应某一种目标,而应倡导资源的多目标化。例如人力资源目标的设定,不必拘泥于体制内外,只要能为图书馆所用,并能产生良好的社会效益,均可列入基层图书馆人力资源的目标。基层图书馆资源目标的确立应该立足当地的资源环境,从实际情况出发,分析优劣利弊加以利用。晋江图书馆在确立资源目标时,主要立足两大要素,一是独特的区位优势,晋江地处福建东南沿海,位于珠三角、长三角和台湾岛三角区域的中间位置,与台湾隔海相望。这样特殊的区域特点,一定程度上为图书馆提供了颇具地方特色的资源,如馆藏资源,尤其是地方特色文化馆藏资源。二是发达的民营经济。在晋江经济的"三产"中,工业相当发达,其中,民营经济素有"三分天下有其二"之说,全市上市企业超过40家,市值约1800亿元人民币,社会资金的优势明显。另外,晋江的产业工人队伍庞大,超过100万,产业工人的文化水平、工作性质、时间分配、收入条件等,与本地居民不可同日而语。因此,在制定图书馆发展计划时,就需要将民营企业、产业工人纳入整个资源目标中予以平等对待。

第三个是社会责任目标。社会责任即社会维度,关系着基层图书馆的生存与发展。基层图书馆既然存在于社会生活中,就不可能置于真空,独善其身。对整个社会而言,图书馆就必须是从事着必要的、有价值的工作,这也是基层图书馆的立足之源。任何公益文化机构均承担着一份不可推卸的社会责任,基层图书馆作为社会公共文化公益服务机构,社会责任远远大于其他公益机构。因此,将社会责任纳入基层图书馆事业的发展目标无可厚非。但是,可能会有这样的声音弥漫:所谓的社会责任,只是代表某种道义上的东西,是抽象的、难以捉摸,难以转化成基层图书馆可操作、可量化的目标。于是乎,在这种声音的驱使之下,基层图书馆的社会责任演变成一种只在嘴皮上动动,而没有付诸现实,甚至是没有多少实质意义的目标,可谓"似有若无、可有可无"。殊不知,看似无形的社会责任,完全可以通过某些活动载体或者项目平台转化为有形的目标。不妨以保障公众平等获取知识的权利为例来加以说明:在履行上述权利的责任与义务上,社会上往往对教育主管部门、各级各类学校提出明确的要求与期望,而对基层图书馆则没有具体的要求。事实上,基层图书馆作为"公民大学",是公众的终身教育基地,更有责任与义务承担上述工作任务。基层图书馆可以整合自身与社会的资源,通过举办形式多样的阅读推广活动,吸引广大基层读者参与,提升读者的文明素质与文化程度,将无形的社会责任转化为有形的社会效益。例如晋江图书馆多年来持续举办的晋江市"悦"读节就是一个凡例,该项目确定了建设"书香城市"的总目标,以举办"悦"读节为统筹资源的平台,将基层图书馆推进全民阅读、保障群众平等获取知识的社会责任目标细致化、具体化,从而成为一个可操作的目标来组织实施,最终促使实现基层图书馆的社会责任目标。

基层图书馆立身基层,与基层公众面对面,服务基层公众,满足基层公众对公共文化的服务需求,日常所为,多为琐碎;日常所思,不够宏大。但只要基层图书馆存在一日,就必须践行作为社会公共文化服务机构的使命与任务,就需要实施"创新""资源"与"社会责任"三项发展目标的建设。"目标"一词,往往被理解为梦想或者愿景,实现与否尚未可知,但对于基层图书馆而言,则是必须要努力去实现的目标。

因此,基层图书馆应该将上述目标纳入图书馆的整体发展战略中,让图书馆全体工作人员为共同的目标去努力,将目标变成可实施与可实现的工作任务。在实施的过程中,困难在所难免。在困境面前,因循旧规不可取,随波逐流将失去自我,只有找准定位,不断创造、创新,基层图书馆才能拥有可持续发展的动力与活力。

参考文献

[1] 于良芝,许晓霞,张广钦.公共图书馆基本原理[M].北京:北京师范大学出版社,2012.

[2] 中华人民共和国国家统计局.中国统计年鉴2014[M].北京:中国统计出版社,2014.

[3] 杨玉麟,屈义华.公共图书馆资源建设与服务[M].北京:北京师范大学出版社,2013.

[4] 吴慰慈,高波.从文献资源建设到信息资源建设[J]中国图书馆学报,2000(3).

[5] 马费成.信息资源开发与管理[M].北京:电子工业出版社,2009.

[6] 林丽萍.公共图书馆全方位开放的厦门模式[M].厦门:厦门大学出版社,2012.

[7] 文化部、财政部关于推进全国美术馆、公共图书馆、文化馆(站)免费开放工作的意见[EB/OL].[2011 - 02 - 14].http://www.gov.cn/zwgk/2011-02/14/content_1803021.htm.

[8] 毛太田,张佳佳,彭丽徽.基于"岭南模式"的图书馆精神影响研究[J].图书馆工作与研究,2014(2).

[9] 国务院办公厅关于政府向社会力量购买服务的指导意见[EB/OL].[2013 - 09 - 26].http://www.gov.cn/xxgk/pub/govpublic/mrlm/201309/t20130930_66438.html.

[10] 张广钦.国外公共图书馆建设标准与规范概览[M].北京:国家图书馆出版社,2009.

[11] 王陆军.睁眼看世界:我们向国外图书馆学习什么[M].北京:海洋出版社,2010.

[12] 杨岭雪.澳大利亚公共图书馆微探[J].新世纪图书馆,2006(3).

[13] 晋江市地方志编纂委员会.晋江年鉴(2013)[M].北京:方志出版社,2013.

[14] 柯平,朱明,闫娜.国外图书馆管理研究述评[J].中国图书馆学报,2013(5).

[15] 郑君平.新型城镇化建设中图书馆的发展策略——以福建省晋江市为例

[J].中共福建省委党校学报,2015(4).

[16] 朱丽娜.日本公共图书馆馆长的职责[J].图书馆工作与研究,1981(10).

[17] 李东来.城市图书馆建设的实践与思考[M].北京:北京图书馆出版社(今国家图书馆出版社),2007.

[18] 劳拉·凯恩.图书馆这一行[M].北京:北京图书馆出版社(今国家图书馆出版社),2007.

[19] 万群华,胡银仿.图书馆服务均等化与资源共享[M].武汉:湖北科学技术出版社,2008.10.

[20] 沈文柱.最新图书馆信息采编与图书情报实用技术大全[M].乌鲁木齐:新疆人民出版社,2004.

[21] 沈国琴.德国公共图书馆采购中心(EKZ)简介[J].图书馆论坛,1997(4).

[22] 吴进琼.国外图书馆聪明电子资源联合采购模式解析[J].图书馆学研究,2013(12).

[23] 刘正福.旁论杂议:也谈高校图书馆对"外"开放问题[J].图书馆论坛,2014(4).

[24] 邓蓉敬.学校社区共建共享联合图书馆——国外农村公共图书服务均等化服务模式与启示[J].图书馆工作与研究,2014(1).

[25] 潘兵,张丽,李燕博.公共图书馆的未成年人服务研究[M].北京:国家图书馆出版社,2014.

[26] 彼得·德鲁克.管理:任务、责任和实践[M].北京:华夏出版社,2008.

[27] 郑君平.开辟公共图书馆多维度空间:采书乐坊的实验意义[J].图书馆论坛,2015(10).

[28] 李国新,冯守仁,鹿勤.公共图书馆规划与建设标准解析[M].北京:国家图书馆出版社,2009.

[29] 麦敏华.公共图书馆外来劳务工群体服务保障研究[J].图书馆工作与研究,2014(2).

[30] 蒋跃进.新型城镇化与公共文化服务——服务机制创新研究[J].科学与财富,2013(12).

[31] 朱永新.我们是否需要关于阅读的法律[N].中国青年报,2013-08-13(2).

[32] 黄晴珊.澳大利亚"全民阅读年2012"概况与启示[J].图书馆论坛,2014(4).

［33］郑君平.引进辅助性人员破解图书馆人才培养的瓶颈［J］.图书馆建设,2015(7).

［34］胡俊.试论公共图书馆与弱势群体［J］.贵图学刊,2008(2).

［35］王晶.公共图书馆为弱势群体服务的现状及其改进措施［J］.图书馆学刊, 2009(7).

［36］吴晞,肖容梅.公共图书馆读者服务案例［M］.北京:北京师范大学出版社,2013.

［37］阿瑟·柯利,多萝西·布罗德里克［J］.图书馆藏书建设,1991(1).

［38］邱冠华,陈萍.公共图书馆管理实务［M］.北京:北京师范大学出版社,2013.

［39］万爱雯,周建清.图书馆资源建设与编目工作研究［M］.北京:当代中国出版社,2013.

［40］彼德·德鲁克.德鲁克管理思想精要［M］.北京:机械工业出版社,2009.

［41］刘贵琴.图书馆知识管理［M］.合肥:安徽大学出版社,2007.

［42］陈钰娴.书虫网,让天下没有难做的馆配商［N］.出版商务周报,2015 - 03 - 01(16).

［43］赵俊玲,郭腊梅,杨绍志.阅读推广:理念·方法·案例［M］.北京:国家图书馆出版社,2013.

［44］蔡冰.图书馆读者服务的艺术［M］.北京:国家图书馆出版社,2009.

［45］任罡.图书馆工作研究与案例［M］.镇江:江苏大学出版社,2010.

［46］郑君平.传统阅读与数字化阅读渐变中的图书馆服务［J］.福建图书馆理论与实践,2009(3).

［47］程焕文.图书馆精神［M］.北京:北京图书馆出版社(今国家图书馆出版社),2007.

［48］袁明伦.现代图书馆服务［M］.成都:四川大学出版社,2013.

［49］陈力.文献学与文献服务［M］.北京:国家图书馆出版社,2008.

［50］李长青.对县级公共图书馆馆长的思考与要求［J］.青年与社会,2014(10).

［51］哈罗德·布鲁姆.如何读,为什么读［M］.南京:译林出版社,2011.

［52］高红,朱硕峰,张玮.世界各国图书馆馆藏发展政策精要［M］.北京:海洋出版社,2010.

［53］国家图书馆图书采选编目部.信息资源建设中的图书馆采访工作［M］.北京:北京图书馆出版社(今国家图书馆出版社),2007.

［54］余海宪.藏书发展与资源共享［M］.北京:人民教育出版社,2002.

［55］全国中小型公共图书馆联合会.中小型公共图书馆科学发展与创新［M］.北京:中国民族摄影艺术出版社,2010.

［56］郑君平.中小型公共图书馆人才培养模式初探［J］.福建图书馆理论与实践,2011(1).

［57］刘文儒.突出"新"字 写好"人"字——晋江推进新型城镇化的实践路径［N］.学习时报,2015－01－12.

［58］张荣寰.生态文明论［EB/OL］.［2014－10－12］.http://www.360doc.com/content/14/1012/10/19794749_416259611.shtml.

［59］林瑞凰.基层公共图书馆阅读推广的困境与"突围"——以晋江市图书馆"悦"读节为例［J］.图书馆建设,2014(5).

［60］郑君平.对高校图书馆、中学图书馆纳入公共文化服务体系的思考——晋江市图书馆共享联盟模式［J］.图书馆理论与实践,2015(9).

［61］李东来,刘锦山.城市图书馆新馆建设［M］.北京:北京图书馆出版社(今国家图书馆出版社),2006.

［62］董焱,邢素丽.数字时代的图书馆与图书馆员［M］.北京:北京图书馆出版社(今国家图书馆出版社),2006.

［63］李东来.城市图书馆集群化管理研究与实践［M］.北京:北京图书馆出版社(今国家图书馆出版社),2005.

［64］全国公共文化发展中心.全国文化信息资源共享工程概览［M］.北京:中国文史出版社,2014.

［65］IFLA Libraries for Children and Young Adults Section. Guidelines for Children's Library Services ［EB/OL］. ［2014－10－12］. http://archive.ifla.org/VII/s10/.

［66］沈鸣.联合国教科文组织公共图书馆宣言(1994)［J］.江苏图书馆学报,1995(4).

［67］杨建新.一个县级图书馆的发展范式［J］.浙江文化月刊,2008(11).

附录1 《晋江图书馆基本藏书目录》实施方案

一、起因

晋江图书馆近年来大力开展分馆、流通点、街区自助图书馆建设，图书馆网点遍布晋江 19 个镇(街道)，覆盖率达 95%，读者量剧增，文献利用率大幅提升。为了加强馆藏资源建设、优化馆藏结构，为晋江各镇(街道)、村(社区)图书室的文献采访、馆藏建设和阅读推广工作提供有益的参考，同时也为晋江图书馆重要馆藏的保存提供依据，满足广大读者的阅读需求，特设立《晋江图书馆基本藏书目录》(以下简称"藏书目录")。

二、宗旨

制定藏书目录旨在提供晋江图书馆核心馆藏，指导晋江各图书馆分馆及各镇(街道)、村(社区)图书室的藏书建设工作，提升馆藏资源建设的质量，促使有限的购书经费更加有效地配置图书，提高各分馆及各图书室的服务效率与服务效果，满足读者的文献借阅需求。

三、组织

本实施方案由晋江图书馆采编中心组织实施，以晋江图书馆、晋江市少年儿童图书馆及 24 小时街区自助图书馆为实验基地，经过调查、研究、列出书目初稿、实验反馈等程序，而后定稿。

四、内容和选取原则

初次选取各类中文图书(包括中译本的外国图书)5000 种，今后根据需要适时更新。选取的基本原则：

1. 侧重于各学科的经典图书(如世界名著等)。

2. 一般 1 种图书只推荐 1 个版本,但特别畅销而且有互补价值的图书,可以推荐 2 个或 2 个以上版本。

3. 根据晋江图书馆及各分馆的图书借阅情况,尤其是读者的自选图书(图书馆"采书乐坊"图书及读者荐购图书)进行选取。

4. 全国各大书店销售排行榜,大型网络书店(如:当当、亚马逊等)各类图书榜,开卷图书排行榜等,以及豆瓣《读书频道》相关推荐读物等。

5. 国内外各种图书奖项获奖书目,如:

中国国家图书奖、中国出版政府图书奖、"五个一"工程奖、鲁迅文学奖、茅盾文学奖、文津图书奖;"三个一百"原创图书出版工程、中国民间文艺山花奖、全国图书金钥匙奖;诺贝尔文学奖、美国国家图书奖、美国国家书评奖、海明威奖、普利策奖、福克纳文学奖、英国国家图书奖、布克奖、惠特比文学奖、都柏林文学奖、龚古尔文学奖、法兰西学院奖、毕希纳奖、加拿大总督文学奖、塞万提斯奖、芥川奖和直木奖、埃德加·爱伦·坡奖、雨果奖、星云奖;美国凯迪克大奖、英国格林威大奖、德国绘本大奖、国际安徒生绘本大奖、纽伯瑞大奖、青少年百种优秀图书、冰心儿童图书奖等等。

6. 各学科领军人物的代表作。

7. 参考《中国基层图书馆基本藏书推荐书目》和《少年儿童图书馆(室)基本藏书目录》,结合图书馆的实际情况进行挑选。

8. 注重价值论与需求论的平衡,以需求为主,兼顾价值,即除了考虑读者的阅读需求外,还考虑图书的保存价值。

9. 注重特色馆藏及工具书等文献的选取。

10. 选取比例大致如下(总数 5000 种):

(1)地方文献、工具书 8%;

(2)少儿读物 14%;

(3)哲学(含传统文化)4%;

(4)政治、法律 3%;

(5)军事、经济 7%;

（6）文化教育（含体育、家庭教育、育儿）9%；

（7）语言文字3%；

（8）文学26%；

（9）艺术3%；

（10）历史、地理（含传记）10%；

（11）自然科学13%。

（晋江图书馆采编中心提供）

附录 2　晋江市少年儿童阅读情况问卷调查分析

　　阅读对于丰富少年儿童的知识,开阔其视野,活跃其思维,激发其创造能力具有重要作用。由于来自各方面的原因,少年儿童的阅读正受到前所未有的冲击和挑战。为更好地了解晋江市少年儿童的阅读现状,改善与推进少年儿童阅读推广状况,2014 年晋江市少年儿童图书馆利用 4 月 23 日——"世界读书日"这一时间节点,开展全市少年儿童阅读情况问卷调查。截至 2014 年 6 月 1 日共发放问卷调查表200 份,回收 169 份,回收率达到 84.5%。调查问卷就少年儿童的到馆目的、阅读态度、阅读类型、阅读动机、作家影响力等方面展开调查,获取了大量的第一手数据。具体分析如下:

一、阅读调查概况

　　本次调查对象主要面对来到晋江市少年儿童图书馆(以下简称"少儿馆")借阅的 0—18 岁的少年儿童及家长,男女比例详见图 1。因目前到馆的读者群主要为小学阶段的读者,因此小学生读者在本次问卷调查中所占比例为 79%,问卷调查的结果也比较倾向小学生的阅读习惯、阅读动机与阅读对象等。

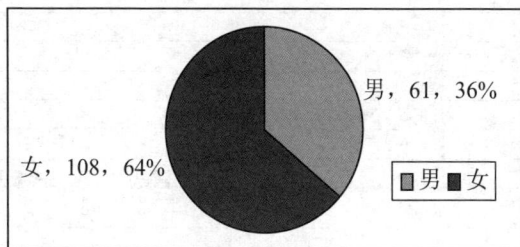

图 1　男女比例调查

二、少年儿童阅读现状

1. 阅读态度

调查发现,所有参与问卷调查的少年儿童均表示"喜欢阅读课外书"。在对少年儿童到少儿馆课外阅读动机进行调查时,95%的少年儿童认为自己看课外书是出于"增长知识",3.8%的少年儿童认为是为了"休闲娱乐",另有极少数少年儿童认为是"受朋友或同学影响"。从少年儿童的主观意愿来看,他们对阅读持有强烈的兴趣,能感受到课外阅读对于自身成长发展的重要意义。

2. 阅读方式

根据问卷调查结果(见图2),少年儿童课外读物的来源途径依次为:图书馆借阅,书店购买,同学、朋友间传阅,网上阅读,亲友赠送。由此可见,直接从图书馆借阅是少年儿童获取课外读物的最主要途径。调查还发现,73.4%的少年儿童每周都来少儿馆借阅图书。基于上述数据,我们认为,如何更好地发挥图书馆在引导帮助少年儿童实现自主快乐阅读,如何更好地开展少年儿童图书文献的采购和图书资源的合理分配,满足少年儿童读者的阅读需求,以及今后如何进一步提升读者服务能力等课题,值得我们深入探讨。

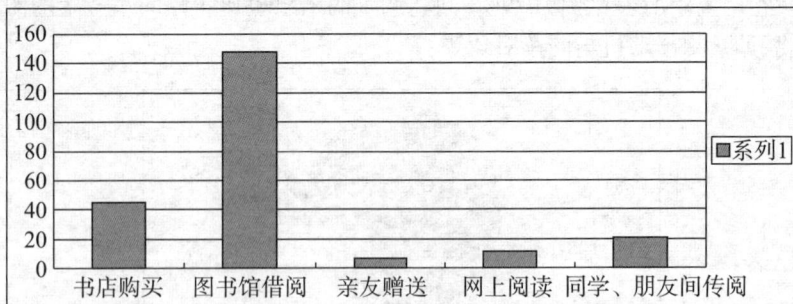

图2　少年儿童课外读物来源途径

3. 阅读内容

阅读内容调查显示(见图 3),少年儿童喜欢阅读的课外书籍类型依次为:卡通漫画、童话故事、校园小说、百科知识、侦探小说、科幻小说、经典名著、绘本故事等。在问卷调查中的问答题之一"请你列出你最喜欢或对你影响最大的 3 本图书的书名和作者"的调查结果显示:《淘气包马小跳》系列、《笑猫日记》《查理九世》《安徒生童话》《皮皮鲁》系列、《怪物大师》《窗边的小豆豆》《假如给我三天的光明》《红楼梦》《爱的教育》《十万个为什么》以及《三国演义》《水浒传》《西游记》等书籍最受少年儿童所喜爱。

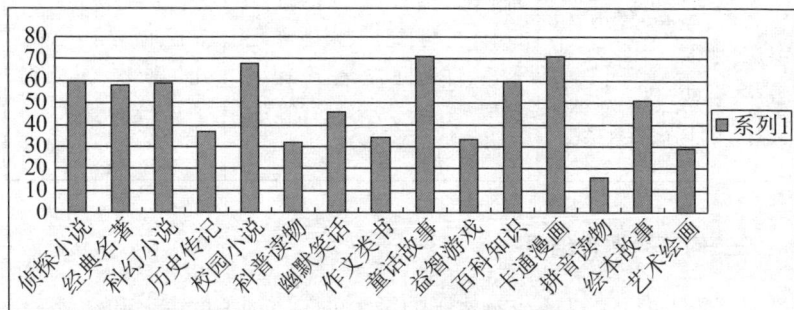

图 3　喜欢阅读的课外读物类型

调查还发现,少年儿童对动漫类作品尤其偏爱。少年儿童的阅读呈现通俗化、快餐化、读图化的"浅阅读"趋势,随着年龄的增长,这种趋势更为明显。少年儿童阶段是培养良好阅读习惯的重要时期,而"浅阅读"是一种浅层次的、以简单轻松甚至娱乐性为终极追求的阅读,它对少年儿童的消极影响值得关注。

4. 作家影响力

为了能更深入地了解作家对于少年儿童阅读的影响,本次问卷调查就少年儿童喜欢的国内外作家做了一个统计(见表 1)。从表中可以看出,鲁迅、冰心、老舍等老一辈作家至今仍深受少年儿童的喜爱,杨红樱、伍美珍、郑渊洁等现代儿童文学名家也深受少年儿童的喜爱,而雷欧幻像凭借其《查理九世》《怪物大师》等系列畅销书籍,成为少年儿童喜爱的奇幻冒险小说的新锐。在喜爱的外国作家排名中,安徒生和格林兄弟遥遥领先。

从本次调查问卷中我们还了解到不同年龄段的少年儿童呈现出不同的阅读兴趣,尤其是到了初中阶段后,阅读选择的倾向性较为明显,偏向于喜欢文学、侦探、动漫、科幻、科普等类型的书籍。

表1 作家影响力

中国名作家	中国其他作家	外国作家
杨红樱、冰心、鲁迅、伍美珍、郑渊洁、老舍、曹雪芹、金波、曹文轩、秦文君、朱自清、沈石溪	郁雨君、饶雪漫、九把刀、安武林、杨鹏、周璐、宋别离、谢倩霓、许廷旺、朱秀玲、雷欧幻像、黄宇、李小玲、郑春华、商晓娜、唐家三少	安徒生、格林兄弟、托尔斯泰、黑柳彻子、J·K·罗琳

三、问答题调查结果

1. 请列出你最喜欢或对你影响最大的3本图书的书名和作者

在该项问答题的调查中,名作家杨红樱的书籍,深受小学生读者的喜爱,中学生读者则偏爱国内外经典名著。但根据调查结果,我们发现少年儿童普遍对科幻小说和校园小说等文学类图书十分喜爱。

2. 你认为晋江市少年儿童图书馆需要增加哪些类型的图书

根据调查结果,大部分少年儿童认为要增加科幻、侦探、校园方面的小说;经典名著;人物历史传记;关于作文精选等语文方面类图书;儿童成长绘本故事;益智类图书;漫画等方面的图书。同时,有些家长认为需要增加些宣扬中华民族传统美德,特别是关于"孝亲尊师"方面的书籍以及社交方面的书籍,教导孩子如何与人相处,如何正确表达自己的想法等。这些调查结果说明晋江市少年儿童的求知欲很强,阅读面很广,阅读能力很强。目前家长高度重视孩子的全方面发展,因此今后在少儿馆的图书采购方面需进一步扩大图书品种。

四、调查分析结语

通过本次问卷调查分析,我们对来到少儿馆的少年儿童读者尤其是小学生读者的阅读态度、阅读方式、阅读内容有了一个比较直观的了解,并了解到他们目前所喜爱的作家类型。通过发放问卷调查的方式,倾听少年儿童的心声,深入了解他们的阅读需求,以便今后能更好地开展少年儿童图书文献的采购和图书资源的合理分配,满少年儿童的阅读需求,从而进一步提升图书馆的读者服务能力与水平。

(晋江市少年儿童图书馆提供)

后　记

很早以前,我的心里就藏着一首关于图书馆的诗——"我心里一直都在暗暗设想/天堂应该是图书馆的模样/我昏昏然缓缓将空幽勘察/凭借着那迟疑无定的手杖……某种不能称为巧合的力量/在制约着这种种事态变迁/早就有人也曾在目盲之夕/接受过这茫茫书海和黑暗……"如斯唯美的诗句,令人在吟咏之余不由自主地向往着那个像天堂的地方。带着如此热切的念想,掖着这样的一份情怀,从三尺讲坛,到机关干部,辗转多处,心灵总是难得其所。终于有一天,当命运将我置于生命的十字路口,图书馆就成了我义无反顾的选择。

到图书馆去!这个汉语语法上的动宾短语让我怦然心动。至今忆起,当年毅然决然的抉择,或许是因为生性喜欢书籍,热爱阅读与写作,或许是受到了博尔赫斯诗里的指引。如今的我,已经蛰伏图书馆8年有余,那些与书为伍的岁月,让我的心灵终于得到温暖的慰藉。哪怕其间有那么多的流言与蜚语,那么多的误解与非议,我始终安之若素,却又诚惶诚恐。我想,我所得到的安宁,来自于智者们字里行间的布道;而我的惶恐,则源自于对图书馆这一神圣殿堂的无限敬意。

对于晋江图书馆——这座在当年号称全国规模最大的县市级图书馆而言,我是一个不明就里的闯入者,一个怀揣着图书馆之梦的读书人,一个简简单单的爱书人。除了对书籍充满爱意之外,我别无所有。于是,我懵懵懂懂地,在迷茫中摸索,在书海里潜行,内心深处始终绷着一根弦,我只愿踏踏实实地做下去,不愿也不想多费口舌做无谓的辩解。

回忆总是在苦涩中带着丝丝甜蜜。去岁某一夜,我在睡梦中醒来,一如过去那些难以安眠的暗夜。坐在无边的黑夜里,想起当年踏入图书馆的那一瞬,仿若昨日。我想,是该写点什么了。但是次日太阳升起时,我仍然没有提起笔。

此刻,我已经写完这本书的最后一个字,阖上书页,我以为自己会甘之若饴,或者如释重负。

但是,什么也没有。

我的内心深处,反而更加惶恐、更加沉重。我无法道出其中的缘由。或许,只能归咎于自己对世事变迁的迟钝。我常常想,我时时置身于图书馆,与浩浩书海近在咫尺,触手可及;那些睿智的言辞、那些闪光的思想,离我是那么近,而我,却不能时时倾听。也许,我无法排遣的心灵之疴,与此有关。何尝不是呢?尽管如此,我依然无悔当初的选择。即便读书、看书的日子已渐行渐远,即便那纸笺翻飞间与智者的心灵交流日渐枯竭,我仍然爱着这个叫"图书馆"的地方,爱着那些散发着淡淡墨香的书籍,爱着那些在书架间穿梭往来的读者。

好了,该说说与这本书的诞生密不可分的人和事了。这一年多来,我能从容地在浩如烟海的典籍里找寻资料、挖掘素材,得益于我的同事们的热诚相助,书中的某些观点、某些表述,甚至直接来源于他(她)们的启发。在这里,我想郑重地写下他(她)们的名字以表谢意:苏梅珍、林钦、郑小娇、姚明溪、林瑞凰、张晓玲、汪秀风、陈宇晓等。我要感谢厦门大学图书馆馆长萧德洪先生、福建省图书馆学会原秘书长龚永年先生,在本书写作过程中给予我许多无私的指导;我还要特别感谢国家图书馆常务副馆长陈力先生,不仅在业务上予我解疑释惑,还亲自审改书稿并协调出版。他们予以我的真知灼见,让我在艰辛爬格的日子里始终感到温暖;他们谦逊儒雅的学者风范,更让我终身受益。最后,我还要感谢国家图书馆出版社方自金社长,以及金丽萍、王炳乾和责任编辑张颀三位老师,本书能得以顺利出版,离不开他们严谨的工作态度与精湛的专业素养。

尽管世间之事无法苛求完美,尽管前行之路仍不平坦,但我依然初衷不改,爱阅读、爱图书馆。

我爱,是因为,所有的这些人和事,皆会因与一座图书馆维系在一起,而得到永远的敬意。

我爱,是因为,我的身边总有一群良师益友,给予我温情、赐予我力量,让我无悔选择坚守在图书馆。

世界上最壮丽的宫殿是图书馆,而我能天天徜徉其间,坐拥书城,在字里行间上下求索,幸莫大焉!

作者
2016 年元月于晋江